AF545725

Gilbert Keith Chesterton

Pater Brown Geschichten

Gilbert Keith Chesterton

Pater Brown Geschichten

marixverlag

Bibliografische Information der Deutschen Nationalbibliothek
Die Deutsche Nationalbibliothek verzeichnet diese Publikation in der Deutschen Nationalbibliografie; detaillierte bibliografische Daten sind im Internet über http://dnb.d-nb.de abrufbar.

Eine Überarbeitung der Übersetzung von Hedwig Maria von Lama, Pustet 1920.
Covergestaltung: network! Werbeagentur GmbH, München
Bildnachweis: »The Earl of Glengyle,« said Brown sadly, and looked down heavily at the skull / The Innocence of Father Brown, illustrated by Sidney Seymour Lucas
Satz und Bearbeitung: SATZstudio Josef Pieper, Bedburg-Hau
Der Titel wurde in der Minion Pro gesetzt.
Gesamtherstellung: CPI books GmbH, Leck – Germany

ISBN: 978-3-7374-0954-4

www.verlagshaus-roemerweg.de

»Das unglaublichste an Wundern ist,
daß sie geschehen.«

G. K. Chesterton

Inhalt

Das blaue Kreuz

Zwischen dem Silberband des Morgens und dem grünen, glitzernden Band der See legte das Boot in Harwich an und ließ Menschen wie einen Schwarm Fliegen entweichen. Aus diesem Schwarm stach der Mann, dem wir folgen müssen, keineswegs hervor – und er wünscht dies auch nicht zu tun. Außer dem leichten Gegensatz zwischen der Lebhaftigkeit seiner Ferienkleidung und dem offiziellen Ernst seines Gesichtes war nichts Bemerkenswertes an ihm. Zu seiner Kleidung gehörte eine leichte, hellgraue Jacke, eine weiße Weste und ein silberner Strohhut mit blaugrauem Band. Sein mageres Gesicht, das durch den Kontrast dunkel wirkte, endete in einem spanisch anmutenden, schwarzen Spitzbart, der nach einer elisabethanischen Halskrause zu verlangen schien. Er rauchte eine Zigarette mit dem Ernst eines Müßiggängers. Nichts an ihm deutete an, daß die graue Jacke einen geladenen Revolver, die weiße Weste einen Polizeiausweis oder der Strohhut einen der scharfsinnigsten Köpfe Europas bedeckte. Denn es war Valentin selbst, der Chef der Pariser Polizei und der berühmteste Ermittler der Welt; und er befand sich auf dem Weg von Brüssel nach London, um die bedeutendste Verhaftung des Jahrhunderts vorzunehmen.

Flambeau war in England. Die Polizei dreier Länder hatte endlich die Spuren des großen Verbrechers von Gent nach Brüssel und von Brüssel nach dem Hoek van Holland zurückverfolgen können; man mutmaßte, daß Flambeau die ungewohnte Atmosphäre und das Durcheinander des Eucharistischen Kongresses, der damals in London tagte, ausnutzen wollte. Wahrscheinlich würde er als irgendein unbedeutender Geistlicher oder dessen Sekretär reisen; aber natürlich konnte sich Valentin nicht sicher sein; bei Flambeau konnte sich niemand sicher sein.

Es ist nun viele Jahre her, seit dieser Koloss des Verbrechens plötzlich aufhörte, die Welt in Aufruhr zu versetzen, und als er verschwand, war wie nach dem Tode Rolands, eine große Ruhe auf Erden eingetreten. Doch in seinen besten Tagen (ich meine natürlich seinen schlimmsten) war Flambeau eine ebenso ikonische und internationale Gestalt wie der Kaiser. Nahezu jeden Morgen berichteten die Tageszeitungen, daß er sich den Konsequenzen eines außergewöhnlichen Verbrechens durch das Begehen eines anderen entzogen habe. Flambeau war ein *Gascogne* von riesigem Wuchs und die Inkarnation der Kühnheit; man erzählte sich die wildesten Dinge über die Ausbrüche seines athletischen Temperaments, z. B. wie er den *juge d'instruction* auf den Kopf stellte, »um ihm einen freien Kopf zu verschaffen«, oder wie er mit einem Polizisten unter jedem Arm die Rue de Rivoli hinabrannte. Um ihm gerecht zu werden, muß man jedoch sagen, daß seine phantastische Körperkraft meist in unblutigen, wenn auch würdelosen Auftritten zur Anwendung kam; seine tatsächlichen Verbrechen bestanden hauptsächlich in genialen, großangelegten Räubereien. Doch jeder seiner Diebstähle war fast eine neue Art von Sünde und eine Geschichte für sich. Er war es, der die große Tiroler Molkerei-Gesellschaft in London betrieb; ohne Molkerei, ohne Kühe, ohne Karren, ohne Milch, jedoch mit einigen tausend Abnehmern. Diese bediente er einfach dadurch, daß er die kleinen Milchkannen anderer Leute vor die Türen seiner eigenen Kunden schob. Er war es gewesen, der einen unnachvollziehbaren und innigen Briefwechsel mit einer jungen Dame unterhielt – der ganze Briefsack mußte abgefangen werden –, indem er sich des außerordentlichen Tricks bediente, seine Nachrichten in unendlicher Verkleinerung auf die Objektträger eines Mikroskops zu photographieren. Trotz allem zeichneten sich seine Experimente durch eine beeindruckende Einfachheit aus. Einmal soll er in der Totenstille der Nacht alle Hausnummern einer Straße übermalt haben, nur um einen Reisenden in eine Falle zu lokken. Es ist ziemlich wahrscheinlich, daß er eine tragbare Briefsäule erfunden hatte, die er an den Ecken der ruhigen Vorstädten aufstellte, um die Postsendungen von Fremden abzufangen. Zu guter Letzt war er noch als geschickter Akrobat bekannt; trotz seiner mächtigen Gestalt konnte er wie eine Heuschrecke springen und wie ein Affe mit den Baumkronen verschmelzen. Als sich Valentin anschickte Flambeau zu finden, war er sich also vollkommen darüber im Klaren, daß seine Abenteuer nicht enden würden, sollte er ihn denn gefunden haben. Doch wie sollte er ihn finden? Was diesen Punkt betraf, war der große Valentin noch zu keinem schlüssigen Ergebnis gekommen.

Es gab eine Sache, die Flambeau bei all seinem Verkleidungsgeschick nicht verbergen konnte, und das war seine einzigartige Größe. Wenn Valentins flinkes Auge eine hochgewachsene Marktfrau, einen großen Grenadier oder vielleicht eine mäßig große Herzogin entdeckt hätte, er würde sie auf der Stelle verhaftet haben. In der ganzen Eisenbahn war ihm niemand untergekommen, der ein vermummter Flambeau hätte sein können; genauso wenig wie eine Katze eine vermummte Giraffe sein konnte. Über die Leute auf dem Schiff hatte er sich bereits Gewissheit verschafft und diejenigen, welche in Harwich oder auf der weiteren Reise vom Zug aufgelesen worden waren, beschränkten sich mit Sicherheit auf sechs. Da war ein kurzer Eisenbahnbeamter, der bis zur Endstation mitfuhr, dann drei ziemlich kurz geratene Grünzeughändler, welche zwei Stationen später hinzugekommen waren, eine sehr kurze verwitwete Dame, die aus einer kleinen Stadt in Essex kam und ein sehr kurzer römisch-katholischer Priester, der in einem kleinen Dorf in Essex zugestiegen war. Beim letzten Fall gab es Valentin auf und er mußte beinahe lachen. Der kleine Priester war über alle Maßen die Ausgeburt eines Simpels aus dem Osten; er hatte ein Gesicht so rund und ausdruckslos wie ein Norfolk-Knödel und Augen so leer wie die Nordsee. Er trug einige braune Papierpakete, die beisammenzuhalten er vollkommen außerstande war. Der Eucharistische Kongreß hatte anscheinend viele derartige Kreaturen aus der Eintönigkeit ihrer ländlichen Umgebung gezogen, blind und hilflos wie ausgegrabene Maulwürfe. Valentin war auf diese heftige französische Art Skeptiker und hatte nicht viel für Priester übrig. Doch er konnte Mitleid für sie aufbringen und dieser Priester hätte wohl in jedermann Mitleid erregt. Er trug einen großen, schäbigen Regenschirm, der ihm andauernd zu Boden fiel. Er schien nicht zu wissen, welches das richtige Ende seiner Rückfahrtkarte war. Er erklärte mit der Einfalt eines Mondkalbes jedem im Wagen, daß er vorsichtig sein müsse, da er in einem seiner braunen Papierpakete etwas aus echtem Silber »mit blauen Steinen« bei sich trage. Seine drollige Mischung aus Essex-Plattheit und der Schlichtheit eines Heiligen amüsierte den Franzosen ohne Ende, bis der Priester es doch irgendwie schaffte, mit all seinen Paketen in Tottenham anzukommen und noch einmal zurückzukehren, um seinen Regenschirm zu holen. Als er dies tat, zeigte Valentin sich sogar so zuvorkommend, ihn zu warnen, daß er das Silberding wohl am wenigsten dadurch hüten könne, indem er allen davon erzählt. Doch mit wem auch immer Valentin sprach, stets hielt er nach jemand anderem Ausschau. Beständig sah er sich nach jemandem um, ob reich oder arm, männlich oder weiblich, der gut sechs Fuß hoch wäre, denn Flambeau war noch einmal zehn Zentimeter größer.

In der Liverpool Street stieg er aus und war sich sicher, den Verbrecher bislang nicht übersehen zu haben. Dann begab er sich nach Scotland Yard, um die Kompetenzen zu klären und um für den Bedarfsfall Hilfe zu organisieren. Schließlich zündete er sich eine weitere Zigarette an und machte sich zu einem langen Stadtbummel durch die Straßen von London auf. Als er in dem Viertel jenseits von Victoria umherwanderte, machte er plötzlich eine Pause und blieb stehen. Der Platz wirkte malerisch und ruhig, sehr typisch für London, erfüllt von zufälliger Stille. Die großen flachen Häuser sahen gleichzeitig wohlhabend und unbewohnt und das Sträuchviereck in der Mitte so einsam aus, wie ein grünes Inselchen im Stillen Ozean. Eine der vier Seiten ragte wie eine Estrade über die anderen hinaus und die Linie dieser Seite wurde unterbrochen von einer der bewundernswerten Zufälligkeiten Londons – einem Restaurant, das aussah, als hätte es sich von Soho hierher verlaufen. Es war ein unnachvollziehbar anziehendes Gebäude mit Zwergpflanzen in Töpfen und mit hohen, gestreiften Fensterläden in Zitronengelb und Weiß. Es lag eigentümlich hoch über der Straße, und in der für London üblichen Flickwerkart lief eine Flucht von Stufen von der Straße zum Eingang hinauf, fast wie eine Rettungsleiter zu einem Fenster im ersten Stock. Valentin stand rauchend vor den gelb-weißen Blenden und betrachtete sie lange.

Das unglaublichste an Wundern ist, daß sie geschehen. Ein paar Wolken im Himmel ballen sich zusammen und sehen aus, wie ein starrendes menschliches Auge. Auf einer ungewissen Reise ragt einem inmitten einer Landschaft ein Baum in der genauen und vollendeten Form eines Fragezeichens entgegen. Ich habe diese beiden Dinge in den letzten paar Tagen selbst gesehen. Nelson stirbt im Augenblick des Sieges, und ein Mann namens Williams ermordet ziemlich zufällig einen Mann namens Williamson; es klingt wie eine Art Kindsmord. Kurz, es gibt im Leben ein Element zaubrischer Fügung, das Leuten, die nur mit dem Prosaischen rechnen, auf ewig entgehen wird. Weisheit sollte, wie es in Poes Paradoxon so schön heißt, mit dem Unvorhergesehenen rechnen.

Aristide Valentin war unfassbar französisch. Und der französische Verstand ist einzigartig und besonders. Er war keine »denkende Maschine«; denn dies ist nur eine der hirnlosen Phrasen des modernen Fatalismus und Materialismus. Eine Maschine ist gerade deshalb eine Maschine, weil sie eben nicht denkt. Valentin aber war ein denkender Mensch und gleichzeitig ein einfacher Mensch. All seine wunderbaren Erfolge, die wie Zauberei ausgesehen haben mögen, hatte er durch mühsame Logik errungen, durch klares und gewöhnliches französisches Denken. Die Franzosen elektrisieren die Welt nicht, indem sie eine Paradoxie formulieren, sie elektrisieren sie, indem sie Binsenweisheiten in die Tat umsetzen. Diese Binsenweisheiten treiben sie weit – soweit, daß so etwas wie die Französische Revolution dabei herauskommt. Aber eben weil Valentin die Vernunft verstand, kannte er auch die Grenzen der Vernunft. Nur ein Mensch, der nichts von Motoren versteht, spricht von der Arbeit eines Motors ohne Benzin; nur ein Mensch, der nichts von Vernunft versteht, spricht von Vernunftsschlüssen ohne starke unbestreitbare erste Prinzipien. Hier hatte er jedoch keinen starken ersten Ausgangspunkt. Flambeau war in Harwich entwischt, und wenn er überhaupt in London war, dann konnte er alles Mögliche sein, angefangen bei einem übergroßen Vagabunden im Wimbledon-Park bis zu einem übergroßen Tischredner im Hotel Metropole. In solch einem nackten Zustand der Unwissenheit besaß Valentin seine eigenen Ansichten und seine eigene Methode.

In derlei Fällen rechnete er mit dem Unvorhergesehenen. In Fällen, da er nicht den Weg des Vernünftigen gehen konnte, ging er berechnend und sorgfältig den Weg des Unvernünftigen. Anstatt die richtigen Orte aufzusuchen – Banken, Polizeiwachen, *rendezvous* –, suchte er systematisch die falschen Orte auf, klopfte an jedes leere Haus, bog in jede *cul de sac* und in jede Kurve ein, die ihn unnütz vom Wege abbrachte und rannte jede mit Schutt versperrte Gasse hinab. Er verteidigte dieses verrückte Verfahren ganz logisch. Er behauptete: wenn jemand eine Ahnung habe, sei dies der schlechtmöglichste Weg, wenn man jedoch überhaupt keine Ahnung habe, sei dies das allerbeste, denn dabei biete sich vielleicht die Chance, daß eine Auffälligkeit, die das Auge des Verfolgers auf sich lenkt, vielleicht die gleiche ist, die auch das Auge des Verfolgten auf sich gelenkt haben mag. Irgendwo mußte der Mensch anfangen, und es sei besser, das dort zu tun, wo ein anderer aufhören würde. Etwas an dieser Treppenflucht hinauf zum Eingang, etwas an der Einsamkeit und Eigenart des Restaurants weckte die ganze (seltene) romantische Vorstellungskraft des Detektivs. Er faßte den Entschluß, aufs Geratewohl vorzustoßen. So stieg er die Treppe hinauf, ließ sich an einem Tisch neben dem Fenster nieder und bestellte eine Tasse schwarzen Kaffee.

Der halbe Morgen lag schon hinter ihm und er hatte noch nicht gefrühstückt. Auf dem Tisch standen die kläglichen Reste anderer Frühstücke und erinnerten ihn an seinen Hunger.

Während er seiner Bestellung noch ein pochiertes Ei hinzufügte, schüttete er sich grübelnd etwas weißen Zucker in seinen Kaffee; all seine Gedanken hingen an Flambeau. Er erinnerte sich, wie dieser einmal mit Hilfe einer Nagelschere entkommen war und ein anderes Mal mit Hilfe eines brennenden Hauses, einmal, weil er für einen unfrankierten Brief Strafporto zu zahlen hatte und ein anderes Mal, indem er die Leute durch ein Teleskop auf einen Kometen, der die Welt zerstören konnte, blicken ließ. Valentin hielt sein Detektivgehirn für ebensogut wie das des Verbrechers, und er hatte damit recht, doch war er sich seines Nachteils vollkommen bewußt. »Der Verbrecher ist der schöpferische Künstler, der Detektiv ist nur sein Kritiker«, sagte er sich mit saurem Lächeln, wobei er langsam seine Kaffeetasse zum Mund führte – und sie sehr schnell wieder absetzte. Er hatte Salz hineingetan.

Er blickte auf das Gefäß, aus dem das silberige Pulver gekommen war; es war zweifellos eine Zuckerdose, so unverkennbar für Zucker bestimmt, wie eine Champagnerflasche für Champagner. Er fragte sich, weshalb man Salz darin aufbewahrte. Dann schaute er sich um, ob es da noch weitere orthodoxe Gefäße gäbe. Und in der Tat, gab es zwei vollgefüllte Salzstreuer. Vielleicht war irgendetwas Besonderes an dem Inhalt dieser Salzstreuer. Vielleicht beinhaltete dieser Salzstreuer ja auch eine besondere Würze. Er kostete und es war Zucker. Dann blickte er mit erfrischtem Interesse im Restaurant umher, um zu sehen, ob noch irgendwelche anderen Spuren dieses sonderbaren künstlerischen Geschmakkes zu finden seien, der Zucker in Salzstreuern und Salz in Zuckerdosen aufbewahrte. Außer einem seltsamen Fleck an einer der weißtapezierten Wände, der von irgendeiner dunklen Flüssigkeit herrührte, schien der ganze Raum sauber, freundlich und gewöhnlich. Er klingelte nach dem Kellner.

Als der Kellner notdürftig gekämmt und zu so früher Stunde etwas triefäugig herbeigeeilt kam, ersuchte ihn der Detektiv, dem der Sinn für die einfacheren Formen des Humors nicht abging, er möge den Zucker kosten und entscheiden, ob dieser dem guten Ruf seines Hotels gerecht würde. Das Ergebnis war, daß der Kellner plötzlich gähnte und erwachte.

»Erlauben Sie sich diesen köstlichen Scherz jeden Morgen mit Ihren Gästen?« fragte Valentin. »Und werden Sie des Spaßes nie müde, Salz und Zucker miteinander zu vertauschen?«

Als dem Kellner die Ironie einzuleuchten begann, versicherte er stammelnd, daß sein Etablissement gewiß keine derartigen Absichten hege und daß ein sehr eigentümlicher Irrtum vorliegen müsse. Er hob die Zuckerdose empor und blickte sie an, er hob den Salzstreuer empor und blickte ihn an; sein Gesicht wurde immer verwirrter. Schließlich entschuldigte er sich abrupt, stürzte davon und kehrte nach ein paar Sekunden mit dem Besitzer wieder. Dieser untersuchte die Zuckerdose, dann den Salzstreuer und blickte daraufhin ebenfalls verwirrt.

Augenblicklich schien dem Kellner das Sprachvermögen abhanden gekommen zu sein, so sehr überstürzten sich seine Worte.

»Ichähdenk« stotterte er emsig, »ich denk, das waren diese zwei Geistlichen.«

»Was für zwei Geistliche?«

»Die zwei Geistlichen«, erklärte der Kellner, »die, wo die Suppe an die Wand geschmissen.«

»Suppe an die Wand geschmissen?« wiederholte Valentin, der sich sicher war, es müsse sich wohl um eine einzigartige italienische Metapher handeln.

»Ja, ja«, versicherte der Bedienstete aufgeregt und deutete auf den dunklen Flecken auf der weißen Tapete, »– da an die Wand geschmissen.«

Valentin blickte den Besitzer fragend an, der ihm nun mit einem ausführlichen Bericht zu Hilfe kam.

»Ja, Sir«, sagte er. »es ist ganz richtig, wenn ich auch nicht glaube, daß es etwas mit dem Zucker und dem Salz zu tun hat. Zwei Geistliche kamen herein und aßen sehr früh einen Teller Suppe, kaum daß wir die Rollläden geöffnet hatten. Sie waren beide sehr ruhige, anständige Leute; der eine von ihnen zahlte die Rechnung und ging hinaus, der andere, der überhaupt von der langsameren Sorte war, brauchte einige Minuten länger, seine Sachen zusammenzuklauben. Aber schließlich ging er auch. In dem Moment, als er im Begriff war auf die Straße zu treten, nahm er jedoch bedächtig seine halbgeleerte Schüssel und klatschte die Suppe an die Wand. Ich selbst war im Hinterzimmer, ebenso wie der Kellner, und so konnte ich nur noch hinauseilen, um den Flecken an der Wand und das Geschäft leer zu finden. Es ist kein arger Schaden, aber es war eine vermaledeite Frechheit, und ich versuchte die Männer auf der Straße einzuholen. Aber sie waren schon zu weit weg; ich sah nur noch, daß sie um die nächste Ecke in die Carstairs Street einbogen.«

Der Detektiv war sofort auf den Beinen, den Hut auf dem Kopf und den Stock in der Hand. Er hatte bereits entschieden, daß er in dem universellen Dunkel seines Geistes nur dem ersten seltsamen Fingerzeig folgen konnte; und dieser Fingerzeig war seltsam genug. Seine Rechnung bezahlend und die Glastüren hinter sich zuschmetternd schwang er sich um die Ecke und in die andere Straße. Es war sein Glück, daß sein Auge selbst in so hitzigen Momenten kühl und flink blieb. Etwas in einer Ladenfront zog an ihm vorüber wie ein Blitz;

dennoch ging er zurück, um danach zu sehen. Es war der Laden eines beliebten Obst- und Gemüsehändlers. Eine Reihe von einfach mit Preis und Namen ausgezeichneten Waren war im Freien ausgestellt. In den beiden prominentesten Abteilungen befand sich jeweils ein Haufen von Mandarinen und von Nüssen. Auf dem Haufen Nüsse lag ein Stück Pappe, worauf mit dicken blauen Kreidestrichen geschrieben stand: »Beste Mandarinen, zwei Stück 1 Penny.« Auf den Mandarinen war die ebenso klare und genaue Beschreibung zu lesen: »Feinste Paranüsse, 4 Pence das Pfund.« Valentin blickte auf die beiden Schilder und es dämmerte ihm, dieser äußerst feinsinnigen Art von Humor schon einmal begegnet zu sein, und zwar erst vor kurzem. Er lenkte die Aufmerksamkeit des krebsroten Obsthändlers, der ziemlich mürrisch die Straße auf- und niederblickte, auf die Ungenauigkeit in seiner Reklame. Der Obsthändler sagte nichts, sondern brachte nur unwirsch jede Tafel an den richtigen Platz. Elegant auf seinen Spazierstock gestützt fuhr Valentin fort, den Laden zu prüfen. Schließlich sagte er:

»Entschuldigen Sie bitte vielmals die scheinbare Nebensächlichkeit, guter Mann, aber ich möchte Ihnen gerne eine Frage über experimentelle Psychologie und Ideenassoziation stellen.«

Der krebsrote Händler betrachtete ihn drohenden Blickes, doch fuhr jener, seinen Stock schwingend, munter fort:

»Weshalb« fragte er. »sind in einem Gemüseladen zwei Schilder so deplatziert wie ein Schaufelhut, der an einem Feiertag nach London gekommen ist? Oder, falls ich mich nicht klar genug ausdrücken sollte: Welcher Art ist die geheimnisvolle Assoziation, welche die Idee von als Nüssen deklarierten Mandarinen mit der von zwei Geistlichen, der eine klein der andere groß, verbindet?«

Die Augen des Händlers traten aus seinem Kopf hervor wie bei einer Schnecke und es sah wirklich einen Augenblick so aus, als wolle er sich auf den Fremden stürzen. Endlich stieß er zornig hervor:

»Ich weiß nich, was Sie damit zu schaffen ham, aber wenn Sie mit denen befreundet sind, können Sie denen von mir ausrichten, daß ich ihnen ihre blöden Köppe abhauen werde, wenn sie nochmal meine Äpfel durcheinander bringen, Pfarrer hin oder her.«

»Wirklich?« fragte der Detektiv mit großer Anteilnahme, »haben sie Ihnen die Äpfel durcheinander gebracht?«

»Ja, der eine« erwiderte der erhitzte Krämer. »hat se über die ganze Straße verstreut. Ich hätt den Trottel erwischt, mußt mich aber um die Äpfel kümmern.«

»Welchen Weg haben die Geistlichen genommen?« fragte Valentin.

»Die zweite Straße dort links und dann über den Platz«, erwiderte der andere prompt.

»Danke«, empfahl sich Valentin und verschwand wie eine Fee. Auf der anderen Seite des besagten Platzes fand er einen Polizisten und sprach ihn an.

»Es ist dringend, Herr Wachtmeister. Haben Sie zwei Geistliche in Schaufelhüten gesehen?«

Der Polizist begann heftig zu kichern.

»Hab ich, Sir, und wenn Sie mich fragen, war der eine besoffen. Er stand verwirrt auf der Straße, als ob–«

»Wohin sind die beiden gegangen?« blaffte ihn Valentin an.

»Sie haben einen von den gelben Omnibussen dort drüben genommen« antwortete der Mann, »die nach Hampstead fahren.«

Valentin zeigte seinen Dienstausweis und sagte hastig:

»Rufen Sie zwei von Ihren Leuten. Sie müssen mit mir die Verfolgung aufnehmen«, und er überquerte die Straße mit solch ansteckender Energie, daß der schwerfällige Polizist zu beinahe agilem Gehorsam bewegt wurde. Anderthalb Minuten später gesellten sich auf dem gegenüberliegenden Gehweg je ein Inspektor und ein Wachmann in Zivil zum französischen Detektiv.

»In Ordnung, Sir«, begann der Erste wichtigtuerisch lächelnd, »womit können wir –«

Valentin deutete plötzlich mit seinem Stock. »Ich werde es Ihnen oben im Omnibus erklären«, bemerkte er, und schoß wie ein Pfeil durch das Gewirr des Straßenverkehrs. Als alle drei keuchend auf den oberen Sitzen des gelben Fahrzeuges niedersanken, meinte der Inspektor:

»Mit einem Taxi wären wir viermal so schnell.«

»Ganz richtig«, antwortete ihr Anführer ruhig, »wenn wir nur eine Ahnung hätten, wohin wir gehen.«

»Nun, wohin wollen wir denn?« fragte jener ihn anstarrend.

Valentin, runzelte die Stirn und rauchte einige Sekunden schweigend. Dann, seine Zigarette aus dem Mund nehmend, sagte er:

»Wenn Sie *wissen*, was ein Mensch vor hat, sollten Sie vor ihm herlaufen; wenn Sie aber *herausfinden* wollen, was er vorhat, sollten Sie sich hinter ihm halten. Schlendern Sie, wenn er schlendert, bleiben Sie stehen, wenn er stehenbleibt, bewegen Sie sich so langsam, wie er es tut. Dann können Sie nämlich sehen, was er sah, und können handeln, wie er gehandelt hat. Alles, was wir tun können ist, unsere Augen nach einer verdächtigen Sache offen zu halten.«

»Welche Art verdächtige Sache meinen Sie?« fragte der Inspektor.

»Jede Art verdächtiger Sache«, antwortete Valentin und verfiel in stures Schweigen.

Der gelbe Omnibus kroch scheinbar stundenlang über die nach Norden führenden Straßen hinweg. Der große Detektiv wollte sich nicht weiter erklären und seine Gehilfen empfanden möglicherweise einen stillen und wachsenden Zweifel an seiner Methode. Vielleicht fühlten sie auch ein stilles und wachsendes Verlangen nach einem Mittagessen, denn die Stunden zogen sich schon lange über die übliche Essenszeit hinaus. Die langen Straßen der nördlichen Vorstädte Londons schienen sich ebenfalls wie ein höllisches Teleskop immer weiter in die Länge zu ziehen. Es war eine jener Fahrten, bei denen der Mensch beständig fühlt, daß er jetzt endlich am Ende des Universums angekommen sein müsse, nur um dann zu erkennen, daß er erst am Anfang von Tufnell Park angelangt ist. London erstarb in einer Ansammlung von schmutzigen Kneipen und ödem Gestrüpp und wurde unvermittelt in glänzenden Hauptstraßen und geräuschvollen Hotels wiedergeboren. Es war, wie wenn man durch dreizehn voneinander getrennte, sich gerade so berührende, gewöhnliche Städte fuhr. Doch obwohl sich die Winterdämmerung bereits über die vor ihnen liegende Straße senkte, saß der Pariser Detektiv immer noch schweigsam und wachsam da und musterte die zu beiden Seiten vorübergleitenden Straßenfronten. Als sie Camden Town hinter sich gelassen hatten, waren die Polizisten beinahe eingeschlafen; jedenfalls machten sie einen Satz, als Valentin sich plötzlich aufrichtete, ihnen auf die Schultern schlug und dem Busfahrer zurief, er möge anhalten.

Sie taumelten die Stufen auf die Straße hinunter, ohne zu verstehen, weshalb sie ausquartiert wurden. Als sie sich um Aufklärung heischend umblickten, sahen sie nur wie Valentin triumphierend mit seinem Finger auf ein Fenster auf der linken Seite der Straße zeigte. Es handelte sich um ein großes Fenster, das einen Teil der langen Fassade eines glänzenden und palastartigen Gasthauses bildete. Es war eines jener Häuser, das für gehobenes Dinieren vorgesehen war und über dem das Wort »Restaurant« prangte. Dieses Fenster war, wie alle übrigen längs der Stirnseite des Hotels, aus verziertem Frostglas; in seiner Mitte jedoch befand sich ein großer schwarzer Sprung der aussah wie ein Stern im Eis.

»Endlich unser Anhaltspunkt«, rief Valentin, seinen Stock schwingend, »das zerbrochene Fenster dort.«

»Welches Fenster? Welcher Anhaltspunkt?« fragte der Hauptgehilfe, »Wieso? Wo ist der Beweis, daß dies irgendwas mit den beiden zu tun hat?«

Valentin zerbrach vor Zorn beinahe seinen Bambusstock.

»Beweis!« schrie er. »Um Gottes Willen, der Mann sucht nach Beweisen! Natürlich, die Chancen stehen zwanzig zu eins, daß es nichts mit ihnen zu tun hat. Aber was können wir sonst tun? Sehen Sie nicht, daß wir entweder der abwegigsten Möglichkeit folgen, oder nach Hause gehen und uns ins Bett legen müssen!«

Gefolgt von seinen beiden Gefährten bahnte er sich einen Weg in das Restaurant. Bald saßen sie bei einem verspäteten Mittagessen an einem kleinen Tisch und schauten von innen auf den Stern im zertrümmerten Glas. Nicht etwa, daß er von hier aus aufschlussreicher gewesen wäre!

»Man hat Ihr Fenster zerbrochen, wie ich sehe«, sprach Valentin den Kellner an, als er die Rechnung bezahlte.

»Ja, Sir«, antwortete der Bedienstete, indem er sich geschäftig über das Wechselgeld beugte, zu dem Valentin nun wortlos ein enormes Trinkgeld hinzufügte. Der Kellner richtete sich mit verzagter, aber unverkennbarer Lebhaftigkeit auf.

»Ah, ja, Sir«, sagte er. »Sehr merkwürdige Sache, Sir.«

»Wirklich? Erzählen Sie uns davon« sagte der Detektiv mit gelassener Neugierde.

»Nun, zwei Herren in Schwarz kamen herein«, begann der Kellner, »zwei von diesen ausländischen Pfarrern, wie sie jetzt herumlaufen. Sie haben in aller Ruhe eine günstige Mahlzeit zu sich genommen und einer von ihnen bezahlte dafür und ging hinaus. Der andere war gerade dabei, sich ihm anzuschließen, als ich nochmals auf mein Wechselgeld schaute und sah, daß er mir mehr als dreimal zu viel bezahlt hatte. ›Sehen Sie!‹ sage ich zu dem Kerl, der schon beinahe vor der Tür war, ›Sie haben zu viel bezahlt.‹ ›Oh‹, sagt er sehr gelassen, ›haben wir?‹ ›Ja‹, sage ich und greife nach der Rechnung, um sie ihm zu zeigen. Ich war sprachlos«

»Wie meinen Sie das?« fragte sein Gesprächspartner.

»Nun, ich hätte auf sieben Bibeln schwören können, daß ich vier Schillinge auf die Rechnung gesetzt hatte. Aber jetzt sah ich klar und deutlich, daß ich vierzehn Schillinge geschrieben hatte.«

»Nun?« rief Valentin, sich langsam, aber mit brennendem Blick bewegend. »Und dann?«

»Der Pfarrer an der Tür, der sagte ganz abgeklärt: ›Ich bedauere, wenn ich Ihre Rechnung etwas durcheinanderbringe, aber das sollte reichen, um für das Fenster aufzukommen.‹ ›Welches Fenster?‹ frag ich. ›Das Fenster, welches ich einschlagen werde‹, sagte er und zerschlug die verflixte Scheibe dort mit seinem Regenschirm.«

Valentin und seine Begleiter stießen einen Ruf hervor und der Inspektor meinte mit stockendem Atem: »Sind wir hinter ausgebrochenen Irren her?«

Der Kellner fuhr genüsslich damit fort, seine irrwitzige Geschichte zu erzählen:

»Ich war für einen Augenblick so verdutzt, daß ich nichts mehr tun konnte. Der Mann marschierte zur Türe hinaus und holte seinen Freund gerade an der Ecke ein. Dann gingen sie so rasch die Bullock Street hinauf, daß ich sie nicht einholen konnte, obwohl ich durch die Schenke lief.«

»Bullock Street«, sagte der Detektiv und schoß die Straße hinab, so schnell wie das sonderbare Paar, das er verfolgte.

Ihre Reise führte sie jetzt durch kahle, gemauerte Wege, die wie Tunnel aussahen und durch Straßen mit wenigen Lichtern und überhaupt mit wenigen Fenstern. Straßen, die aus den kahlen Rückwänden aller Dinge zu allen Orten gebaut zu sein schienen. Die Dämmerung nahm zu und es war selbst für die Londoner Polizisten nicht leicht zu erraten, in welche Richtung sie genau gingen. Der Inspektor war jedoch ziemlich sicher, daß sie bald auf irgendeinen Teil der Hampsteader Heide stoßen würden. Schlagartig unterbrach ein bauchiges, gasbeleuchtetes Fenster das blaue Zwielicht wie eine Blendlaterne und Valentin blieb einen Augenblick vor einer kleinen knallbunten Zuckerbäckerei stehen. Nach einem Augenblick des Zögerns trat er ein. Seinen vollen Ernst bewahrend kaufte er inmitten der grellen Farben der Konditorei (nicht ohne eine gewisse Sorgfalt) dreizehn Schokoladenzigarren. Offensichtlich suchte er einen Weg das Gespräch zu eröffnen, doch war dies gar nicht nötig.

Eine hagere, gerade in die Jahre gekommene Frau im Laden hatte seine elegante Erscheinung einer rein automatischen Prüfung unterzogen; als sie jedoch die Türe hinter ihm von der blauen Uniform des Inspektors verstellt sah, schien etwas in ihren Augen zu erwachen:

»Oh«, sagte sie, »wenn Sie wegen des Paketes gekommen sind, das habe ich schon weggeschickt.«

»Paket?« wiederholte Valentin, und nun war es an ihm, fragend zu blicken.

»Ich meine das Paket, das der Herr hier gelassen hat – der geistliche Herr.«

»Um Gottes willen!« rief Valentin und beugte sich vorwärts, wobei seine Haltung zum ersten Mal seinen Eifer verriet. »Um Himmels willen, sagen Sie uns genau, was vorgefallen ist!«

»Nun«, erzählte die Frau etwas unsicher, »die Geistlichen kamen vor etwa einer halben Stunde herein und kauften ein paar Pfefferminz. Sie plauderten ein wenig, und verschwanden dann in Richtung Heide. Aber nur eine Sekunde später kommt der eine in den Laden zurückgerannt und sagt: ›Habe ich ein Paket liegen gelassen?‹ Aber ich sah überall nach und konnte keins finden; darauf sagt er: ›Es ist egal, aber falls es auftaucht, schicken Sie es bitte an diese Adresse‹ und hinterließ mir die Adresse und einen Schilling für meine Mühe. Und wirklich, obwohl ich geglaubt hatte, ich hätte überall nachgesehen, stellte ich fest, daß er ein Paket aus braunem Papier liegen gelassen hatte, und so schickte ich es dorthin, wo er gesagt hatte. Ich erinnere mich jetzt nicht mehr an die Adresse, es war irgendwo in Westminster. Aber nachdem die Sache so wichtig schien, dachte ich, sei die Polizei vielleicht deswegen gekommen.«

»Ist sie auch«, sagte Valentin kurz. »Ist die Hampsteader Heide in der Nähe?«

»Fünfzehn Minuten geradeaus.« erwiderte die Frau. »und Sie kommen direkt auf's freie Feld.«

Valentin sprang zum Laden hinaus und begann zu rennen. Die anderen Polizisten trabten widerwillig hinterher.

Die Straße, in die sie sich einfädelten, war so eng und in Schatten gehüllt, daß es sie überraschte, den Abend noch so hell und klar zu finden, als sie unerwartet unter einem leeren und weiten Himmel ins Freie traten. Eine vollendete pfauengrüne Kuppel verlief sich in Gold zwischen den schwärzlichen Bäumen und dem dunklen Violett der Ferne. Die glühend grüne Färbung war gerade tief genug, um einen oder zwei Sterne wie kristallene Punkte hervorzuheben. Alles, was vom Tageslicht übriggeblieben war, lag in einem goldenen Schimmer über dem Rande von Hampstead und jener beliebten Mulde, die den Namen »Tal der Gesundheit« trägt. Die Ausflügler, die in der Gegend umherschweifen, hatten sich noch nicht ganz verloren; man sah einige konturlose Paare auf Bänken sitzen und hier und da quietschte in der Ferne ein Mädchen vergnügt in einer der Schaukeln. Die Pracht des Himmels vertiefte und verdunkelte sich um die hehre Niedrigkeit des Menschen. Auf dem Abhang stehend und über das Tal hinwegblickend erspähte Valentin, was er gesucht hatte.

Unter den dunklen, sich in der Ferne verlierenden Gruppen war eine besonders dunkle, die sich nicht verlor – eine Gruppe von zwei Gestalten in geistlicher Tracht. Obwohl sie so klein wie Insekten schienen, konnte Valentin doch sehen, daß die eine viel kleiner war als die andere. Und obwohl die andere die gebeugte Haltung eines Studenten einnahm und sich unauffällig benahm, konnte er sehen, daß der Mann gut sechs Fuß hoch war. Valentin biß die Zähne zusammen und rannte, ungeduldig seinen Stock schwingend, weiter. Als er erheblich Boden gutgemachte hatte und so die beiden schwarzen Gestalten wie in einem riesigen Mikroskop vergrößerte, fiel ihm etwas anderes auf, das ihn überraschte und er dennoch irgendwie erwartet hatte. Wer auch immer der lange Priester sein mochte, bezüglich der Identität des kürzeren konnte kein Zweifel mehr bestehen. Es war sein Freund aus dem Zug, der plumpe, kleine Pfaffe aus Essex, den er wegen seiner braunen Papierpakete gewarnt hatte.

Soweit also fügte sich schließlich alles in ausreichender Weise zu einem vernünftigen Bild. Valentin hatte durch seine Erkundigungen am Morgen erfahren, daß ein Pater Brown aus Essex ein silbernes Kreuz mit Saphiren, eine Reliquie von hohem Wert, mitgebracht hatte, um es einigen der ausländischen Priester auf dem Kongress zu zeigen. Dies war unzweifelhaft das »Silberding mit blauen Steinen«; und Pater Brown war zweifellos der kleine Grünschnabel aus dem Zug. Nun war nichts Verwunderliches an der Tatsache, daß das, was Valentin herausgefunden hatte, Flambeau ebenfalls herausgefunden hatte. Es war auch nichts Verwunderliches an der Tatsache, daß, wenn Flambeau von einem Saphirkreuz hörte, er versuchen würde, es zu stehlen; das war vielmehr das natürlichste in der ganzen Naturgeschichte. Am allerwenigsten aber war verwunderlich, daß Flambeau mit so einem einfältigen Schaf, wie der Mann mit dem Regenschirm und den Paketen eins war, sein gewohntes Spiel trieb. Diese Sorte Mensch kann wohl der Nächstbeste an einer Leine zum Nordpol führen. Es war also keine Überraschung, daß ein Schauspieler wie Flambeau ihn in die Hampsteader Heide locken konnte, schon gar nicht, wenn er sich wie ein Priester verkleidet. Soweit erschien das Verbrechen klar genug, und während der Detektiv den Priester ob seiner Hilflosigkeit bemitleidete, empfand er schon fast Verachtung für Flambeau, weil dieser so tief gesunken war, so ein leichtgläubiges Opfer zu täuschen. Doch als Valentin alles überdachte, was sich auf dem Weg bis hierher ereignet hatte, all das, was ihn zu seinem Triumph geführt hatte, musste er sein Gehirn aufs Äußerste foltern, um sich auch nur den kleinsten Reim darauf zu machen oder Sinn darin zu entdecken. Was hatte der Diebstahl eines Silberkreuzes von einem Priester aus Essex mit dem Werfen von Suppe auf Papiertapeten zu tun? Was hatte es damit auf sich, daß man Nüsse Orangen nannte, oder daß man zuerst für eine Fensterscheibe bezahlt, nur um sie danach einzuschlagen? Gewiß, er war am Ende seiner Jagd, doch hatte er das Gefühl etwas Entscheidendes verpasst zu haben. Wenn er einmal versagt hatte (was selten vorkam), dann hatte er für gewöhnlich den Fall gelöst, aber den Verbrecher nicht geschnappt. Hier hatte er den Verbrecher zwar geschnappt, den Fall aber nicht gelöst.

Die beiden Gestalten, denen sie folgten, krochen wie schwarze Fliegen über den mächtigen, grünen Umriß eines Hügels. Sie waren offensichtlich in ein Gespräch vertieft und achteten möglicherweise gar nicht darauf, wohin sie gingen; sicherlich aber schritten sie auf die verwilderteren und stilleren Höhen der Heide zu. Als die Verfolger näherkamen, mußten sie die unwürdige Haltung des Jägers auf der Pirsch einnehmen, sich hinter Baumgruppen ducken und der Länge nach ausgestreckt im tiefen Gras kriechen. Durch diesen unbeholfenen Trick kamen die Jäger ihrer Beute nahe genug, um das Gemurmel der Diskussion zu vernehmen, wobei außer dem Wort »Vernunft«, das oft von einer hohen und beinahe kindlichen Stimme wiederholt wurde, nichts zu unterscheiden war. Unmittelbar hinter einem steilen Anstieg durch ein wirres Dickicht verloren die Detektive plötzlich die beiden Gestalten. Zehn qualvolle Minuten lang versuchten sie vergeblich die Spur wieder aufzunehmen. Als sie schließlich ihre Spur wiedergefunden hatten, führte sie ihre Jagd um den Vorsprung eines großen, kuppelartigen Hügels, der wie ein Amphitheater einen einzigartigen und einsamen Sonnenuntergang überblickte. An diesem imposanten, doch verwahrlosten Ort stand unter einem Baum eine alte, morsche Bank und auf dieser saßen die zwei Priester immer noch in ernstem Gespräch beisammen. Das prächtige Grün und Gold hing noch am dunklen Horizont, aber die Kuppel darüber wandelte ihr Pfauengrün langsam zu Pfauenblau und die Sterne traten, massiven Edelsteinen gleich, mehr und mehr hervor. Während er sich wortlos seinen Begleitern zuwendete, bewerkstelligte es Valentin, hinter dem großen Geäst eines Baumes hinaufzuschleichen, und als er in der tödlichen Stille dort oben stehen blieb, vernahm er zum ersten Mal die Worte der sonderbaren Priester.

Nachdem er anderthalb Minuten gelauscht hatte, erfaßte ihn ein verteufelter Zweifel. Hatte er vielleicht die zwei englischen Polizisten zu einer Mission in die Einöde dieser nächtlichen Heide mitgeschleppt, die so irrwitzig war, wie der Versuch Feigen von Disteln zu pflücken? Sprachen die zwei Priester doch genau, wie Priester es zu tun pflegen, fromm, mit Gelehrtheit und Muße über die flüchtigsten theologischen Rätsel. Der kleine Priester aus Essex drückte sich einfacher aus, während er mit seinem runden Gesicht zu den heller werdenden Sternen aufblickte; der andere hingegen sprach mit gesenktem Kopf, als wäre er nicht würdig, zu ihnen hinaufzuschauen. Jedenfalls hätte man weder in einem weißen italienischen Kloster noch in einer schwarzen spanischen Kathedrale eine unschuldigere geistliche Unterhaltung hören können.

Das erste, was er vernahm, war der Schluß eines Satzes von Pater Brown, der mit den Worten endete« … das ist, was man im Mittelalter tatsächlich unter der »Unkorrumpierbarkeit« der Himmel verstand.«.

Der größere Priester nickte mit dem gebeugten Kopf und sagte:

»Ah, ja, diese modernen Ungläubigen berufen sich auf ihre Vernunft. Aber wer kann sich diese Millionen von Welten vergegenwärtigen, ohne zu spüren, daß es auch wunderbare

Welten geben könne, in denen die Vernunft etwas völlig Unvernünftiges ist?«

»Nein«, entgegnete der andere Priester, »Vernunft ist immer vernünftig, selbst in der letzten Vorhölle, im verlorenen Grenzgebiet aller Dinge. Ich weiß, man wirft der Kirche vor, sie erniedrige die Vernunft, aber es ist genau anders herum. Allein die Kirche macht die Vernunft zum Höchsten auf Erden. Auf der ganzen Erde sagt nur die Kirche, daß Gott höchstpersönlich an die Vernunft gebunden ist.«

Der andere Priester hob seine strenges Gesicht zum sternenbedeckten Himmel und meinte:

»Und dennoch, wer weiß, ob nicht in jenem unendlichen Universum –?«

»Nur physisch unendlich«, erwiderte der kleine Priester, rasch sich zur Seite drehend, »nicht unendlich in dem Sinne, daß es sich den Gesetzen der Wahrheit entzöge.«

Valentin riß sich hinter seinem Baum in stummer Wut an seinen Fingernägeln herum. In seinen Ohren klang schon das Gelächter der englischen Detektive, die er auf eine phantastische Vermutung hin, soweit mitgeschleppt hatte, nur damit sie dem metaphysischen Geplauder zweier sanfter alter Geistlicher lauschen konnten. In seiner Ungeduld entging ihm die ebenso ausgefeilte Antwort des großen Priesters, und als er wieder hinhörte, war es abermals Pater Brown, der sprach:

»Vernunft und Gerechtigkeit beherrschen den entlegensten und einsamsten Stern. Sehen Sie nur diese Sterne dort. Sehen sie nicht aus, als wäre jeder einzelne ein Diamant oder Saphir? Gut, Sie können sich jede verrückte Botanik oder Geologie vorstellen, die Sie wollen. Denken Sie sich Wälder aus Adamant mit Blättern aus Brillanten. Denken Sie sich den Mond als einen blauen Mond, wie einen einzigen, riesigen Saphir. Aber bilden Sie sich nicht ein, daß all diese verzweifelte

Astronomie auch nur den kleinsten Unterschied für die Vernunft und die Gerechtigkeit unseres Handelns ausmachen würde. Auf Ebenen aus Opal und unter aus Perlmutt geschlagenen Klippen würden sie immer noch eine Tafel finden, auf der geschrieben steht: Du sollst nicht stehlen.«

Valentin war gerade im Begriff, sich aus seiner steifen und kauernden Lage zu erheben und so leise wie möglich wegzukriechen, niedergeschlagen ob dieser einen großen Torheit seines Lebens. Aber etwas in dem Schweigen des großen Priesters ließ ihn so lange innehalten, bis dieser wieder sprach. Und als er dann endlich sprach, sagte er einfach, den Kopf gebeugt und die Hände auf den Knien:

»Nun gut, ich glaube immernoch, daß andere Welten vielleicht über unsere Vernunft hinausgehen. Das Geheimnis des Himmels ist unergründlich und ich für meinen Teil kann nur den Kopf in Demut senken.«

Dann, immer noch mit gesenkter Stirn und ohne im mindesten seine Haltung oder seine Stimme zu ändern, fügte er hinzu:

»Und jetzt geben Sie mir das Saphirkreuz, Sie wären doch so freundlich? Wir sind hier ganz allein und ich könnte Sie in Stücke reißen wie eine Strohpuppe.«

Die völlig unveränderte Stimme und Haltung verliehen der unerwarteten Wendung des Gespräches etwas eigenartig Gewalttätiges. Aber der Hüter der Reliquie wandte den Kopf gerade nur so viel wie eine Kompassnadel bei geringster Einwirkung. Er schien noch immer sein etwas dümmliches Gesicht den Sternen zuzuwenden. Vielleicht hatte er auch nicht begriffen. Oder vielleicht hatte er begriffen und saß nun starr vor Schrecken da.

»Ja«, sagte der große Priester mit der gleichen ruhigen Stimme und der gleichen ruhigen Haltung, »ja, ich bin Flambeau.« Dann nach einer Pause fügte er hinzu: »Kommen Sie schon, werden Sie mir das Kreuz nun geben?«

»Nein«, erwiderte der andere und seine Einsilbigkeit hatte einen seltsamen Klang. Flambeau ließ plötzlich seine ganze priesterliche Maske fallen. Der große Räuber lehnte sich in seinem Sitz zurück und lachte leise, aber lange.

»Nein«, rief er, »Sie wollen es mir nicht geben, Sie eingebildeter Prälat? Sie wollen es mir also nicht geben, sie keuscher Trottel! Soll ich Ihnen sagen, weshalb Sie es mir nicht geben werden? Weil ich es schon in meiner Brusttasche habe.«

Der kleine Mann aus Essex wandte sein anscheinend verdutztes Gesicht im Dämmerlicht und meinte mit furchtsamer Neugierde (wie in dem Stück ›Der Privatsekretär‹*):

»Sind – sind Sie sicher?«

Flambeau krähte vor Vergnügen.

»Wirklich, Sie sind so gut wie eine Dreiakter-Komödie«, rief er aus. »Ja, du Kohlkopf, ich bin ganz sicher. Ich hatte die Idee, vom richtigen Paket ein Duplikat anzufertigen, und jetzt, mein Freund, haben Sie das Duplikat und ich die Juwelen, ein alter Trick, Pater Brown. ein sehr alter Trick.«

»Ja«, sagte Pater Brown und fuhr sich noch immer mit derselben, seltsam unbestimmten Weise durchs Haar.

»Ja, ich habe schon davon gehört.«

Der Koloss des Verbrechens beugte sich mit plötzlich erwachtem Interesse zu dem kleinen Landgeistlichen hinüber.

»Sie haben davon gehört?« fragte er. »wo haben *Sie* denn davon gehört?«

»Nun, ich darf Ihnen natürlich seinen Namen nicht nennen«, sagte der kleine Mann. »Er war ein Büßer, Sie verste-

---

* Farce von Charles Henry Hawtrey.

hen. Er hatte mit Erfolg an die zwanzig Jahre von Duplikaten brauner Papierpakete gelebt. Und als ich anfing, Verdacht zu schöpfen, dachte ich sofort daran, wie es der arme Kerl gemacht hatte.«

»– begannen Verdacht zu schöpfen?« wiederholte der Gesetzlose mit stärkerer Betonung. »Hatten Sie wirklich die Grütze, Verdacht zu schöpfen, nur weil ich Sie zu diesem verlassenen Teil der Heide geführt habe?«

»Nein, nein«, sagte Brown in entschuldigendem Ton. »Sie kamen mir schon verdächtig vor, als ich Sie zum ersten Mal traf. Es ist jene kleine Beule oben am Ärmel, wo Leute wie Sie das Stachelarmband tragen.«

»Wie, beim Tartarus«, schrie Flambeau, »haben denn Sie vom Stachelarmband erfahren?«

»Oh, unsere kleine Herde, Sie verstehen«, sagte Pater Brown, seine Augenbrauen hochziehend. »Als ich Kurat in Hartlepool war, hatte ich drei mit Stachelarmbändern. Und da ich Sie ja von Anfang an in Verdacht hatte, sehen Sie, da sorgte ich dafür, daß das Kreuz auf alle Fälle in Sicherheit blieb. Sie müssen wissen, daß ich Sie leider beobachtet habe. Und so sah ich Sie schließlich die Pakete vertauschen. Dann, verstehen Sie nicht, habe ich sie wieder zurückgetauscht. Und dann ließ ich das richtige zurück.«

»– ließen Sie das richtige zurück?« wiederholte Flambeau, und zum ersten Male war neben dem Ton des Triumphs noch ein anderer in seiner Stimme.

»Ja, ich habe das folgendermaßen gemacht«, sagte der kleine Priester in derselben ungekünstelten Weise. »Ich ging zu jener Zuckerbäckerei zurück und fragte, ob ich nicht ein Paket liegen gelassen hätte, und gab eine bestimmte Adresse an, für den Fall, daß es auftauchte. Nun, ich wußte, ich hatte keines liegen gelassen, aber ich tat es, als ich wegging. Und anstatt mit jenem wertvollen Paket hinter mir herzulaufen, haben sie es direkt an einen meiner Freunde in Westminster geschickt.« Dann fügte er etwas traurig hinzu: »Ich habe das ebenfalls von einem armen Burschen in Hartlepool gelernt. Er pflegte das mit Handtaschen zu tun, die er auf den Bahnhöfen stahl, aber jetzt ist er in einem Kloster. Oh, man erfährt das eben so«, fügte er hinzu, indem er sich mit derselben verzweifelt-entschuldigenden Geste den Kopf rieb. »Wir sind nun einmal Priester, da kann man nichts machen. Die Leute kommen und erzählen uns diese Dinge.«

Flambeau zog ein braunes Papierpaket aus seiner Innentasche und riß es auf. Es war nichts als Papier und Bleistücke darin. Mit einer ausladenden Bewegung sprang er auf die Füße und schrie:

»Ich glaube Ihnen nicht. Ich glaube nicht, daß ein Bauerntölpel wie Sie all das zustande bringt. Ich glaube, Sie haben das Ding noch bei sich – und wenn Sie es nicht hergeben – nun, wir sind ganz allein und ich werde es mir mit Gewalt nehmen!«

»Nein«, sagte Pater Brown unbeeindruckt und stand ebenfalls auf. »Sie werden es nicht mit Gewalt nehmen. Erstens weil ich es wirklich nicht mehr habe, und zweitens, weil wir nicht allein sind.«

Flambeau stockte in seiner Vorwärtsbewegung.

»Hinter jenem Baum«, sagte Pater Brown deutend, »sind zwei starke Polizisten und der bedeutendste lebende Detektiv. Wie die hierher kommen, fragen Sie? Nun, ich brachte sie her, wer sonst! Wie ich das gemacht habe? Gut, ich will es Ihnen sagen, wenn Sie es wissen wollen! Mein Gott, wir müssen zwanzig solcher Tricks kennen, wenn wir uns in den kriminellen Kreisen bewegen! Also, ich war nicht sicher, ob Sie ein Dieb sind, und es geht ganz und garnicht, einen Skandal gegen jemanden aus dem Klerus heraufzubeschwören. Deshalb habe ich Sie auf die Probe gestellt, um zu sehen, ob Sie sich irgendwie selbst verraten würden. Für gewöhnlich macht man eine Szene, wenn man bemerkt, daß man Salz im Kaffee hat; wenn man es nicht tut, hat man wohl einen Grund, sich ruhig zu verhalten. Ich vertauschte Zucker und Salz und Sie blieben still. Gewöhnlich erhebt ein Mensch Einwände, wenn seine Rechnung dreimal zu hoch ist. Wenn er sie aber bezahlt, hat er einen Grund, unbeachtet bleiben zu wollen. Ich änderte die Rechnung und Sie bezahlten sie.«

Die Welt schien darauf zu warten, daß Flambeau wie ein Tiger losstürze, aber er wurde wie durch einen Zauber zurückgehalten; eine ungeheure Neugierde betäubte ihn.

»Also«, fuhr Pater Brown mit schwerfälliger Deutlichkeit fort, »da Sie selbst keine Spur für die Polizei hinterlassen wollten, mußte das natürlich jemand anderer besorgen. An jedem Ort, an den wir kamen, sorgte ich dafür, etwas zu tun, das mindestens für den Rest des Tages von uns reden machen würde. Ich habe nie viel Schaden angerichtet: einen Flecken an der Wand, verstreute Äpfel, ein zerbrochenes Fenster. Aber ich brachte das Kreuz in Sicherheit, so wie das Kreuz immer in Sicherheit sein wird. Zu diesem Zeitpunkt befindet es sich schon in Westminster. Ich wundere mich einigermaßen, daß Sie es nicht mit der ›Eselspfeife‹ aufhielten.«

»Mit der … Was?« fragte Flambeau.

»Ich bin froh, daß Sie nie davon gehört haben.« sagte der Priester während er eine Grimasse schnitt. »Es ist eine ganz üble Sache. Ich bin mir sicher, daß Sie ein viel zu guter Mensch sind um die ›Pfeife‹ zu benutzen. Ich hätte auch nicht mehr mit der ›Tunke‹ kontern können; meine Beine sind nicht mehr stark genug.«

»Wovon in aller Welt sprechen Sie?« fragte der andere.

»Nun, ich dachte eigentlich, Sie kennen die ›Tunke‹«, sagte Pater Brown angenehm überrascht. »Oh, Sie können wohl doch noch nicht so tief gesunken sein.«

»Aber wie um Himmels willen können Sie denn von all diesen schrecklichen Dingen wissen?« schrie Flambeau.

Der Schatten eines Lächelns huschte über das runde, einfache Gesicht seines geistlichen Gegenübers.

»Oh, ich vermute, indem man ein keuscher Einfaltspinsel ist.« erwiderte er. »Ist es Ihnen nie in den Sinn gekommen, daß ein Mann, der fast nichts anderes macht, als sich der Menschen Sünden anzuhören, im Umgang mit dem Bösen nicht ganz unerfahren sein kann?

Übrigens, um die Wahrheit zu gestehen, eine andere Seite meines Berufes gab mir die Sicherheit, daß Sie kein Priester sind.«

»Was?« fragte der Dieb, beinahe starr vor Staunen.

»Sie griffen die Vernunft an.« sagte Pater Brown. »Das ist schlechte Theologie.«

Und gerade als er sich zur Seite wandte, um seine Besitztümer zusammenzuraffen, kamen die drei Polizisten unter den dunklen Bäumen hervor. Flambeau war Künstler und Sportsmann. Er trat zurück und machte vor Valentin eine große Verbeugung.

»Verneigen Sie sich nicht vor mir, *mon ami*«, verwehrte sich Valentin deutlich, »verneigen wir uns beide vor unserem Meister.«

Und so standen sie einen Augenblick entblößten Hauptes, während der kleine Priester aus Essex sich nach seinem Regenschirm umsah.

Die verdächtigen Schritte

Wenn man einmal ein Mitglied jenes auserlesenen Klubs der »Zwölf wahren Fischer« trifft, welches, anläßlich des jährlichen Klubdiners, das Vernon-Hotel betritt, wird man, wenn es seinen Mantel abnimmt, bemerken, daß sein Frack grün und nicht schwarz ist. Wenn man (angenommen, man besitzt die schicksalsverachtende Kühnheit, solch ein Wesen anzusprechen) es nach dem Grund fragt, wird es wahrscheinlich antworten, daß es das so mache, um nicht mit dem Kellner verwechselt zu werden. Man wird dann niedergeschmettert seiner Wege gehen, und ebenso ein ungelöstes Geheimnis hinter sich lassen wie eine erzählenswerte Geschichte.

Wenn (um denselben Faden unwahrscheinlicher Mutmaßung weiterzuspinnen) man dann einen milden, hart arbeitenden, kleinen Priester namens Pater Brown treffen und ihn fragen sollte, was er für den eigenartigsten Zufall seines Lebens halte, würde er wahrscheinlich antworten, daß er alles in allem seinen besten Streich im Vernon-Hotel vollführt habe, wo er einfach dadurch ein Verbrechen verhindert und vielleicht auch eine Seele gerettet habe, indem er ein paar Schritten auf einem Gang gelauscht hatte. Vielleicht ist er ein klein wenig stolz auf jene kühne und wunderbare Ahnung, und es ist möglich, daß er darauf zu sprechen kommt. Nachdem es jedoch unermeßlich unwahrscheinlich ist, daß man jemals hoch genug in der Gesellschaft aufsteigen wird, um einen der »Zwölf wahren Fischer« zu treffen, oder je so tief, bis zu den

Elendsvierteln mit seinen Verbrechern, hinabsinken wird, um auf Pater Brown zu stoßen, fürchte ich, daß man die Geschichte überhaupt niemals zu hören bekommen wird – wenn ich sie nicht erzähle.

Das Vernon-Hotel, in welchem »Die zwölf wahren Fischer« ihr jährliches Festessen abhielten, war eine Institution, so wie es sie nur in einer oligarchischen Gesellschaft geben kann. Einer Gesellschaft die über ihre guten Manieren fast wahnsinnig geworden war. Es war das Produkt einer verkehrten Welt – ein »exklusives« kommerzielles Unternehmen. Das heißt: Man hatte es nicht mit einer Sache zu tun, die sich dadurch rentierte, daß sie Leute anzog, sondern gerade dadurch, daß sie die Leute abwies. In einer Plutokratie werden die Geschäftsleute so abgeklärt, daß sie letztlich anspruchsvoller werden als ihre Kundschaft. Sie erzeugen nur deshalb Hindernisse, damit ihr reiches und ermattetes Klientel all sein Geld und all sein diplomatisches Geschick aufbringt, um diese zu überwinden. Wenn es in London ein schickes Hotel gäbe, das niemand betreten dürfte, der kleiner als sechs Fuß wäre: die Gesellschaft würde sich ergebenst in Gruppen von sechs Fuß großen Leuten zusammenfinden, um dort speisen zu können. Wenn es ein teures Restaurant gäbe, das aus einer Laune seines Besitzers heraus nur Donnerstag nachmittags geöffnet hätte, wäre es dort Donnerstag nachmittags erdrükkend voll.

Das Vernon-Hotel stand wie durch Zufall in der Ecke eines Platzes in Belgravia. Es war ein kleines Hotel und auch ein sehr unbequemes. Aber gerade seine Unannehmlichkeiten wurden als ein Wall zum Schutz einer besonderen Klasse angesehen. Vor allem aber war eine dieser Unannehmlichkeiten von vitaler Bedeutung, nämlich der Umstand, daß nicht mehr als vierundzwanzig Personen gleichzeitig dort speisen konn-

Name, Vorname

Straße, Nr.

Plz, Ort

Telefonnummer *

Faxnummer *

E-Mail *

Unterschrift

* freiwillige Angabe

Für Ihre schnelle Anfrage:
info@verlagshausroemerweg.de

Bitte
ausreichend
frankieren

Rückantwort

Verlagshaus Römerweg GmbH
Römerweg 10
D-65187 Wiesbaden

ten. Die einzige große Speisetafel war die berühmte Terrassentafel, welche im Freien auf einer Art Veranda stand und den Blick über einen der vorzüglichsten alten Gärten Londons gewährte. So kam es, daß selbst die vierundzwanzig Plätze an diesem Tische auch nur bei warmem Wetter genossen werden konnten, und da dies den Genuß nur noch erschwerte, machte es ihn nur um so begehrenswerter. Der Besitzer des Hotels war ein Jude namens Lever, und er hatte nahezu eine Million dadurch verdient, daß er es einem so schwer machte, hineinzugelangen. Natürlich verband er mit der begrenzten Größe seines Unternehmens den sorgfältigsten Schliff in der Ausstattung. Weine und Gerichte waren so gut wie irgendwo sonst in Europa, und das Auftreten des Dienstpersonals spiegelte aufs allergenaueste die festen Gewohnheiten der englischen Oberklasse. Der Besitzer kannte alle seine Kellner wie die Finger an seiner Hand; es waren insgesamt genau fünfzehn. Mitglied im Parlament zu werden war viel leichter, als Kellner in diesem Hotel zu werden. Jeder Kellner war ein Meister der zurückhaltenden Verschwiegenheit und unaufdringlichen Zuvorkommenheit, so als wäre er der Kammerdiener eines großen Herrn. Und in der Tat stand gewöhnlich wenigstens je ein Kellner für jeden speisenden Gentleman bereit.

Der Klub der »Zwölf wahren Fischer« hätte sich nie darauf geeinigt, irgendwo anders, als an einem solchen Ort zu speisen, denn er bestand auf luxuriöser Ungestörtheit, und der bloße Gedanke, daß irgendein anderer Klub auch nur in demselben Gebäude speisen würde, hätte für höchste Aufregung gesorgt. Zu der Gelegenheit ihres jährlichen Klubessens pflegten die »Fischer« all ihre Schätze hervorzuholen, ganz so, als wären sie in einem Privathaus. Dazu gehörte insbesondere das berühmte Gedeck aus Fisch-Messern und -Gabeln, das nun einmal das Wahrzeichen des Klubs darstellte, und von dem jedes Stück aufs edelste in Form eines Fisches aus Silber gearbeitet und am Griff mit einer großen Perle versehen war. Es wurde jedesmal für den Fischgang eingedeckt, und dieser Gang war von jeher der großartigste dieses großartigen Mahls. Der Verein hatte Unzählige Zeremonien und Rituale, aber weder eine Geschichte, noch einen Zweck; genau deshalb war er ja auch so ausgesprochen aristokratisch. Man mußte gar nichts bestimmtes sein, um den »Zwölf Fischern« anzugehören; wenn man nicht schon eine gewisse Sorte Person war, erfährt man nicht einmal von Ihnen. Seit zwölf Jahren existierte der Klub. Mr. Audley war der Vorsitzende. Sein Vizepräsident war der Herzog von Chester.

Wenn ich damit die Atmosphäre dieses Hotels einigermaßen vermitteln konnte, dürfte sich der Leser mit Recht wundern, wie ich dazu kam, überhaupt davon zu wissen, und er wird sogar darüber grübeln, wie eine so gewöhnliche Person wie mein Freund Pater Brown dazu kam, sich in dieser Luxus-Kombüse wiederzufinden. Was das anbelangt, ist meine Geschichte einfach, ja sogar alltäglich. Es gibt auf dieser Welt einen sehr alten Aufrührer und Demagogen, der in die vornehmsten Zufluchtssorte mit der erschütternden Botschaft einbricht, daß alle Menschen Brüder sind, und wo immer dieser Gleichmacher auf seinem fahlen Rosse erschien, war es Pater Browns Aufgabe, ihm zu folgen. Einer der Kellner, ein Italiener, hatte an jenem Nachmittag einen Schlaganfall erlitten, und sein jüdischer Arbeitgeber gestattete, wenn auch ein wenig die Nase rümpfend ob solchen Aberglaubens, daß man den nächsten katholischen Priester rufen solle. Was der Kellner Pater Brown gebeichtet hatte, geht uns nichts an, und zwar aus dem ausgezeichneten Grund, weil der Geistliche es für sich behielt; anscheinend jedoch veranlaßte es ihn, zwecks

Absendung einer Mitteilung, oder um eine Sache gerade zu biegen, eine Notiz oder ein Statement zu verfassen. Mit der bescheidenen Dreistigkeit, die er auch im Buckingham-Palast hervorgekehrt hätte, bat Pater Brown daher um ein Zimmer und um Schreibzeug. Mr. Lever war hin und hergerissen. Er war ein freundlicher Mann und besaß auch jenen schlechten Abklatsch von Güte, der eigentlich nur eine Abneigung gegen jede Komplikation oder Szene ist. Gleichzeitig aber wirkte die Anwesenheit eines außergewöhnlichen Fremden in seinem Hotel an diesem Abend wie ein Schmutzfleck auf etwas kürzlich Gereinigtem. Es hatte nie so etwas wie ein Warte- oder Vorzimmer im Vernon-Hotel gegeben, niemand stand im Eingang und nie kam jemand auf gut Glück. Es waren fünfzehn Kellner und zwölf Gäste da. An jenem Abend einem neuen Gast zu begegnen wäre genauso unerhört gewesen, wie beim Familienfrühstück einen neuen Bruder vorzufinden. Außerdem war das Erscheinungsbild des Priesters zweitklassig und seine Kleidung verschmutzt; nur ein flüchtiger Blick aus der Ferne hätte genügt, um eine Krise im Klub hervorzurufen. Wenn er die Blamage schon nicht verhindern konnte, hatte Mr. Lever doch wenigstens einen Plan zur Ablenkung. Wenn man (was nie passieren wird) das Vernon-Hotel betritt, kommt man durch einen kurzen, mit einigen schäbigen, aber bedeutenden Gemälden geschmückten Gang zum Foyer, welches zur Rechten in Gänge mündet, die zu den Gästezimmern führen. Zur Linken führt ein ähnlicher Gang zur Küche und zur Geschäftsleitung. Unmittelbar zur Linken befindet sich die Ecke eines verglasten Büros, das ins Foyer hineinragt –, gewissermaßen ein Haus innerhalb des Hauses, in der Art einer alten Hotel-Bar, die wahrscheinlich einst diesen Platz einnahm.

In diesem Büro saß der Vertreter des Besitzers (niemand an diesem Ort erschien je persönlich, wenn es sich anders einrichten ließ), und gerade dahinter auf dem Wege zum Dienstbotentrakt befand sich die Herrengarderobe, die letzte Grenze des Gästereichs. Zwischen dem Büro und der Garderobe lag jedoch ein kleines Privatzimmer ohne anderen Ausgang, das manchmal vom Besitzer für delikate und wichtige Angelegenheiten genutzt wurde, wie zum Beispiel um einem Herzog tausend Pfund zu leihen, oder ihm sechs Pence zu verweigern. Es ist ein Beweis der großen Duldsamkeit Mr. Levers, daß dieser heilige Ort für ungefähr eine halbe Stunde von einem gewöhnlichen Priester, der auf einem Blatt Papier vor sich hinkritzelte, entweiht wurde. Die Geschichte, die Pater Brown niederschrieb, war höchstwahrscheinlich eine viel bessere als die vorliegende, nur wird sie nie bekannt werden. Ich kann hier nur festhalten, daß sie beinahe ebenso lang war und daß die letzten zwei oder drei Abschnitte die am wenigsten aufregenden und fesselnden waren. Denn es begab sich zu dem Zeitpunkt, an dem er bei diesen angekommen war, daß der Priester sich erlaubte seinen Gedanken nachzugehen und seine ausgeprägten Sinne erwachten. Die Zeit der Dämmerung und des Abendessens rückte heran: sein eigener kleiner, vergessener Raum war ohne Licht und vielleicht war es, wie es manchmal zu geschehen pflegt, die zunehmende Dunkelheit, die sein Gehör schärfte.

Während Pater Brown den letzten und unwesentlichsten Teil seines Dokuments niederschrieb, ertappte er sich dabei, im Rhythmus eines von außen kommenden Geräusches zu schreiben, gerade wie man häufig im Rhythmus des fahrenden Eisenbahnzuges zu denken pflegt. Als er sich dessen gewahr wurde, erkannte er auch, was es war: nur das gewöhnliche Auftreten von Füßen, die an der Türe vorbeigingen, etwas, das ja in einem Hotel nichts Außergewöhnliches ist. Nichtsdestoweniger starrte er zur sich verdunkelnden Decke empor und lauschte. Nachdem er einige Minuten verträumt zugehört hatte, sprang er plötzlich auf die Füße und lauschte nun bewußt, den Kopf ein wenig zur Seite neigend. Dann setzte er sich wieder hin und vergrub die Stirn in seinen Händen, nun nicht mehr ausschließlich lauschend, sondern gleichzeitig auch denkend.

Die Schritte, die man draußen jeden Augenblick vernahm, waren von der Art, wie man sie in jedem Hotel hören kann. Und doch, im Ganzen betrachtet, hatten sie etwas sehr Sonderbares an sich. Man hörte keine anderen Schritte, als diese. Es war immer ein sehr stilles Hotel gewesen, denn die wenigen hier verkehrenden Gäste gingen unverzüglich zu ihren Zimmern, und die gut ausgebildeten Kellner hatten die Anweisung, nahezu unsichtbar zu sein, solange man nicht nach ihnen verlangte. Man konnte sich keinen Ort vorstellen, an dem man weniger Grund hatte, irgendetwas Ungewöhnliches zu vernehmen. Aber diese Schritte waren so eigentümlich, daß man nicht entscheiden konnte, ob sie regelmäßig oder unregelmäßig waren. Pater Brown folgte ihnen mit dem Finger auf dem Tischrand, wie ein Mann, der versucht, auf dem Klavier eine Melodie zu lernen.

Zuerst kam eine lange Reihe von raschen, kleinen Schritten, wie sie etwa ein leichtgewichtiger Mann machen würde, um ein Wettgehen zu gewinnen. An einem gewissen Punkt hielten sie inne und wurden zu einer Art von langsamem, schlenderndem Auftreten, wobei sie nicht ein Viertel der Anzahl der anderen Schrittfolge ausmachten, jedoch ungefähr dieselbe Zeit einnahmen. Im Augenblick, da das letzte dröhnende Auftreten verhallte, kam wieder das Laufen oder Trippeln leichter, eiliger Schritte und dann von neuem der dumpfe Ton schwereren Gehens. Es war unzweifelhaft dasselbe Paar Schuhe, einerseits weil, wie schon gesagt, kein anderes

Paar Schuhe zugegen war, und andererseits weil sie ein leichtes, jedoch nicht zu überhörendes Knarren an sich hatten.

Pater Brown besaß diese Art von Kopf, der nicht anders kann, als sich Fragen zu stellen, und über diese anscheinend alltägliche Frage zerbrach er sich beinahe eben diesen Kopf. Er hatte Menschen laufen gesehen, die zum Sprung ansetzen. Er hatte Menschen Anlauf zum Rutschen nehmen gesehen. Doch weshalb um alles in der Welt sollte ein Mensch Anlauf nehmen, um zu gehen? Oder anders, weshalb sollte er gehen, um dann zu laufen? Und doch, keine andere Erklärung wollte zu den Spielereien dieses unsichtbaren Fußpaares passen. Der Mann lief entweder sehr rasch die Hälfte des Ganges entlang, um sehr langsam die andere Hälfte des Ganges entlang zu schreiten, oder er schritt sehr langsam an dem einen Ende, um am anderen plötzlich dem Rausch des Laufens zu verfallen. Keine Vermutung schien viel Sinn zu ergeben. Im Verstand des Priesters wurde es dunkler und dunkler wie in seinem Zimmer. Und doch, als er begann angestrengt nachzudenken, schien das Dunkel der Zelle seinen Gedanken mehr Leben zu verleihen; wie in einer Art Vision begann er die phantastischen Füße vor sich zu sehen, wie sie in unnatürlichem und bedeutungsvollem Tun den Gang entlang hüpften. War es ein heidnischer religiöser Tanz? Oder irgendeine ganz neue Art fortschrittlicher Leibesertüchtigung? Pater Brown begann sich nun, präzisere Fragen zu stellen, um herauszufinden, worauf die Schritte schließen lassen konnten. Erst der langsame Schritt; es war sicherlich nicht der des Besitzers. Leute wie jener bewegen sich in raschem Getrippel oder sie sitzen still. Es konnte auch kein Kellner oder Bote sein, der auf einen Auftrag wartete; es klang nicht danach. Die niederen Ränge innerhalb des Adels taumeln wohl manchmal umher, wenn sie leicht betrunken sind, im Allgemeinen jedoch und in so glanzvoller Umgebung stehen oder sitzen sie in gezwungener Haltung. Nein, dieser schwere und doch springende Schritt mit etwas wie sorglosem Nachdruck, nicht sonderlich geräuschvoll und doch unachtsam ob des Geräusches, das er verursachte, war nur einem Lebewesen dieser Erde zu Eigen. Es war ein westeuropäischer Gentleman und wahrscheinlich einer, der nie für seinen Lebensunterhalt gearbeitet hatte.

Gerade als der Priester diese feste Gewißheit erlangt hatte, wechselte der Schritt zu einem rascheren Tempo und rannte an der Türe vorbei, so fieberhaft wie eine Ratte. Der Zuhörer stellte fest, daß dieser Schritt zwar viel rascher, aber auch viel geräuschloser war, beinahe als liefe der Mann auf Zehenspitzen. Und dennoch verband er in seinem Bewußtsein keine Geheimnistuerei damit, sondern irgendetwas anderes, etwas, dessen er sich nicht zu entsinnen vermochte. Er ärgerte sich über dieses schwache Erinnerungsvermögen, das sich anfühlt als wäre man schwachsinnig. Diesen eigenartig raschen Gang hatte er aber sicher schon irgendwo gehört. Plötzlich sprang er auf die Füße, einen neuen Gedanken im Kopf, und schritt zur Tür. Sein Zimmer besaß keinen direkten Ausgang zum Korridor, sondern führte auf der einen Seite in das verglaste Büro und auf der anderen in die dahinter liegende Garderobe. Er versuchte es mit der Tür zum Büro und fand sie verschlossen. Dann sah er nach dem Fenster, einer viereckigen Scheibe, die nun voll purpurner Wolken, gespalten vom fahlen Sonnenuntergang war, und für einen Augenblick witterte er Böses, so wie ein Hund Ratten wittert.

Der vernünftige Teil in ihm (vielleicht der klügere, vielleicht auch nicht) gewann wieder die Oberhand. Er erinnerte sich, daß der Besitzer ihm gesagt hatte, er wolle die Tür absperren und würde später zurückkehren, um ihn herauszulassen. Auch sagte er sich, daß noch ein Dutzend Dinge, an die er nicht gedacht hatte, die exzentrischen Geräusche draußen erklären konnten. Dann fiel ihm ein, daß es gerade noch hell genug war, um seine eigene Arbeit zu vollenden. Indem er sein Papier zum Fenster brachte, um noch das letzte Licht des stürmischen Abends auszunutzen, beschäftigte er sich erneut fest entschlossen mit dem beinahe fertigen Schriftstück. An die zwanzig Minuten hatte er so geschrieben, wobei er sich im abnehmenden Licht näher und näher zum Papier herabbeugte; dann setzte er sich plötzlich aufrecht. Er hatte die merkwürdigen Füße von neuem vernommen.

Diesmal wiesen sie eine dritte Eigentümlichkeit auf. Bisher war der Unbekannte gegangen; zwar mit Leichtigkeit und mit blitzartiger Flinkheit, aber er war gegangen. Diesmal rannte er. Man konnte die raschen, weichen, springenden Schritte den Gang entlang kommen hören, die wie die Tatzen eines fliehenden und springenden Panthers klangen. Wer immer da kommen mochte, er war ein sehr starker, gelenkiger Mann in ruhiger und doch heftiger Erregung. Doch als das Geräusch, einem flüsternden Wirbelwind gleich, beim Glasbüro angekommen war, verfiel es plötzlich wieder in das alte, langsame Schlendern.

Pater Brown warf das Papier zur Seite, und, da er wußte, daß die Türe zum Büro geschlossen war, ging er sofort zur anderen Seite in die Garderobe. Der hier beschäftigte Bedienstete war im Augenblick abwesend, wahrscheinlich weil die einzigen Gäste sich bei Tisch befanden und sein Dienst ereignislos war. Nachdem er sich durch einen grauen Wald von Mänteln getastet hatte, stellte er fest, daß die dunkle Garderobe sich auf den erleuchteten Korridor öffnete, nur getrennt durch einen Tresen oder eine Halbtür, wie die meisten Tresen, über welche wir alle schon Schirme hinübergereicht und Marken dafür entgegengenommen haben. Unmittelbar über dem halbmondförmigen Bogen dieser Öffnung brannte ein Licht. Es beleuchtete Pater Brown nur schwach, der sich als dunkler Umriß gegen den Sonnenuntergang im Fenster hinter sich abhob. Es warf aber ein beinahe theatralisches Licht auf den Mann, der außerhalb der Garderobe im Korridor stand.

Er war ein eleganter Mann, in sehr einfacher Abendkleidung; groß, aber ohne den Eindruck zu erwecken, viel Platz in Anspruch zu nehmen. Man konnte sich vorstellen, er wäre imstande, wie ein Schatten dahinzugleiten, wo viel kleinere Männer aufgefallen wären und Anstoß erregt hätten. Sein Gesicht, jetzt zurückgeworfen und von der Lampe beleuchtet, schien gebräunt und lebhaft, das Gesicht eines Ausländers. Er war gut gebaut, sein Auftreten zeugte von guter Laune und Zuversicht; ein Kritiker hätte höchstens bemerken können, daß sein schwarzer Mantel nur um einen Farbton nicht mit seiner Figur und seinem Auftreten korrespondierte und sogar in eigentümlicher Weise etwas ausgetragen und ausgebeult aussah. In dem Augenblick, als er Browns schwarze Silhouette im Sonnenuntergang wahrnahm, warf er ein Stückchen nummeriertes Papier hin und befahl mit einnehmender Autorität:

»Ich möchte meinen Hut und meinen Mantel, bitte; ich glaube, es wird Zeit für mich zu gehen.«

Pater Brown nahm den Zettel ohne ein Wort zu sagen und ging gehorsam den Mantel suchen; es war nicht das erste Mal in seinem Leben, daß er niedere Arbeiten verrichtete. Er brachte den Mantel und legte ihn auf den Schalter, während der Fremde, der in seiner Westentasche herumsuchte, lachend bemerkte: »Ich habe kein Silber bei mir; Sie können den Rest behalten.« eine Goldmünze hinwarf und seinen Mantel nahm.

Pater Browns Gestalt blieb ziemlich dunkel und ruhig, aber in jenem Augenblick hatte er den Verstand verloren. Sein Verstand war immer dann am wertvollsten, wenn er ihn verloren hatte. In solchen Momenten ergaben ihm zwei plus zwei vier Millionen. Oftmals war die katholische Kirche (die mit dem gesunden Menschenverstande vermählt ist) nicht damit einverstanden. Oft war er auch selbst nicht damit einverstanden. In diesem Moment war er wirklich inspiriert und Inspiration ist von großer Bedeutung in seltenen Krisen, denn wer auch immer seinen Verstand verliert, soll dadurch gerettet werden.

»Ich glaube, Sir«, erwiderte er höflich, »Sie haben doch Silber in Ihrer Tasche.«

Der große Herr starrte.

»Verflucht noch mal«, rief er, »wenn ich mich entscheide Ihnen eine Goldmünze zu geben, weshalb sollten Sie sich dann beschweren?«

»Weil Silber manchmal wertvoller ist als Gold«, erwiderte der Priester sanft, »das heißt, in großen Mengen.«

Der Fremde sah ihn gespannt an. Dann blickte er noch gespannter den Gang hinunter zum Haupteingang. Schließlich kehrte sein Blick zu Brown zurück und schaute eingehend zum Fenster hinter Browns Kopf, das noch mit dem Nachglühen des Gewitters gefärbt war. Dann schien er es sich anders zu überlegen. Er schwang sich mit einer Hand auf dem Schalter, leicht wie ein Akrobat, auf die andere Seite, baute sich vor dem Priester auf, und legte eine gewaltige Hand an dessen Kragen.

»Stillgehalten!« stieß er flüsternd hervor. »Ich will Ihnen nicht drohen, aber –«

»– aber ich will *Ihnen* drohen«, sprach Pater Brown mit einer Stimme wie ein Trommelwirbel, »ich will Ihnen drohen mit dem Wurm, der nicht stirbt, und dem Feuer, das nicht erlischt.«

»Sie sind eine merkwürdige Art von Garderobier«, meinte der andere.

»Ich bin ein Priester, Monsieur Flambeau«, sagte Brown, »und ich bin bereit, Ihnen Ihre Beichte abzunehmen!«

Einige Augenblicke verharrte der andere und schnappte nach Luft, dann taumelte er zurück in einen Stuhl.

Die ersten beiden Gänge des Mahles der »Zwölf wahren Fischer« waren mit mildem Erfolg vorübergegangen. Ich besitze kein Exemplar der Speisekarte, und wenn ich eins hätte, wäre niemand daraus schlau geworden. Sie war in einer Art von Über-Französisch verfaßt; wie es Köche benutzen, das für Franzosen aber unverständlich ist. Es gab im Klub die Tradition, daß die Vorspeisen in wahnsinniger Weise mannigfaltig und im Überfluß vorhanden sein mußten. Sie wurden sehr Ernst genommen, denn sie waren zugegebenermaßen unnütze Spielereien, wie das ganze Dinner und der ganze Klub. Es gab außerdem die Tradition, daß die Suppe leicht und anspruchslos sein sollte – eine Art einfaches und strenges Vorfasten auf das bevorstehende Fischfest. Die Unterhaltung war jenes seltsame, seichte Gerede, welches das britische Empire beherrscht, es im geheimen regiert und das doch einem gewöhnlichen Engländer unverständlich bleibt, selbst wenn er es hätte belauschen können. Kabinettminister beider Parteien wurden mit einer Art gelangweiltem Wohlwollen bei ihrem Taufnamen genannt. Der radikale Schatzmeister, der wahrscheinlich von sämtlichen Tories wegen seiner Erpressereien verflucht wurde, erhielt Lobeshymen für seine minderwertigen Dichtereien oder für seine Teilnahme an der Fuchsjagd. Der Vorsitzende der Tories, den eigentlich alle Liberalen wie einen Tyrannen hassen sollten, wurde im Großen und

Ganzen als Liberaler gepriesen. Man gewann den Eindruck, daß Politiker etwas sehr Wichtiges seien. Und dennoch, alles an ihnen schien wichtig, nur nicht ihre Politik.

Mr. Audley, der Vorsitzende, war ein liebenswürdiger, älterer Herr, der noch Gladstonekrägen trug; er war eine Art Sinnbild jener geisterhaften und doch starren Gesellschaft. Niemals hatte er etwas getan – nicht einmal etwas Falsches. Er war nicht leichtlebig, er war nicht einmal besonders reich. Er gehörte einfach dazu und damit war die Sache gegessen. Keine Partei konnte ihn ignorieren, und wenn er gewünscht hätte, Minister zu werden, hätte man ihn gewiß dazu gemacht. Der Herzog von Chester, der stellvertretende Vorsitzende, war ein junger aufsteigender Politiker, das heißt, er war ein angenehmer, junger Mensch mit flachgebürstetem, tadellosem Haar und einem mit Sommersprossen bedeckten Gesicht, von mäßigem Verstand und enorm begütert. In der Öffentlichkeit war sein Auftreten stets erfolgreich und sein Grundsatz war außerordentlich einfach. Wenn ihm ein Witz einfiel, machte er ihn, und man pflegte ihn dann als brillant zu bezeichnen. Wenn ihm kein Witz einfiel, sagte er, es sei nicht die Zeit für Späße, und wurde dann »fähig« genannt. Im Privaten, etwa in einem Klub seiner eigenen Klasse, war er einfach ziemlich gerade heraus und albern wie ein Schuljunge. Mr. Audley, der nie in der Politik war, behandelte seine Gefährten mit etwas mehr Ernst. Manchmal brachte er seine Gesellschaft sogar in Verlegenheit, indem er andeutete, daß es wohl doch Unterschiede zwischen Liberalen und Konservativen gäbe. Er selbst war ein Konservativer, selbst in seinem Privatleben. Er hatte eine Locke grauen Haares hinten über seinen Kragen herabhängen, wie gewisse altmodische Staatsmänner, und von hinten besehen sah er aus wie ein Mann, auf den das Empire angewiesen ist. Von vorne besehen sah er aus wie ein gutmütiger, selbstzufriedener Junggeselle mit einer Wohnung im Albany – und das war er auch.

Wie schon bemerkt, gab es vierundzwanzig Sitze am Tisch auf der Terrasse und nur zwölf Mitglieder im Klub. Somit stand ihnen die Terrasse in der verschwenderischsten Weise zur Verfügung. Sie saßen längs der inneren Tafelseite und daher ohne Gegenüber, im ungehinderten Blick über dem Garten thronend, dessen Farben noch lebendig waren, wenngleich die Abenddämmerung für diese Jahreszeit etwas grell wirkte. In der Mitte der Reihe saß der Vorsitzende, am rechten Ende der Vizepräsident. Wenn die zwölf Gäste sich auf ihre Sitze niederließen, war es aus irgendeinem unbekannten Grund Sitte, daß alle fünfzehn Kellner wie Soldaten, die ihre Waffen vor dem König präsentieren, an der Wand aufgereiht dastanden, während der fette Besitzer sich mit freudiger Überraschung vor den Klubmitgliedern verbeugte, so als hätte er niemals von ihnen gehört. Doch vor dem ersten Klirren von Messer und Gabel war diese Armee von Dienern verschwunden. Es blieben nur einer oder zwei zurück, die sich um das Abräumen und verteilen der Teller kümmerten und in Totenstille umherhuschten. Mr. Lever, der Besitzer, war natürlich längst vorher unter Höflichkeitsbekundungszuckungen verschwunden. Es wäre übertrieben, ja in der Tat respektlos, zu behaupten, daß er jemals tatsächlich wiederkam. Wenn jedoch der wichtigste Gang, der Fisch, aufzutragen war, da gab es – wie soll ich es ausdrücken? – so etwas wie einen lebhaften Schatten, eine Projektion seiner Persönlichkeit, die bedeutete, daß er in der Nähe weilte. Der heilige Fischgang bestand (für das Auge des gewöhnlichen Sterblichen) aus einer Art monströsen Puddings, etwa in der Größe und Gestalt einer Hochzeitstorte, worin eine beträchtliche Anzahl interessanter Fische schließlich ihre, ihnen von Gott verliehene Gestalt verloren hatte. Die »Zwölf wahren Fischer« ergriffen ihre berühmten Fischmesser und Fischgabeln und gingen so feierlich darauf los, als koste jeder Quadratzentimeter Pudding so viel wie die Silbergabel, mit der er verspeist wurde. Und, soweit ich weiß, tat er das auch. Dieser Gang wurde unter begierigem und vertilgendem Schweigen vollzogen, und erst, als sein Teller nahezu geleert war, machte der junge Herzog die rituelle Bemerkung:

»Das können sie nur hier!«

»Nirgendwo sonst!« bestätigte Mr. Audley in tiefer Basstimme, indem er sich an den Redner wandte und mit seinem ehrwürdigen Haupt mehrmals nickte. »Nirgends, soviel ist sicher, so wie hier. Es wurde mir zugetragen, daß man im Café Anglais –«

Hier wurde er unterbrochen und durch das Abräumen seines Tellers für einen Augenblick aus der Fassung gebracht. Doch war er in der Lage den wertvollen Faden seines Gedankenganges wieder aufzunehmen: »– es wurde mir zugetragen, daß man im Café Anglais ebenso dazu fähig wäre. Nicht die Spur davon, Sir!« sagte er, indem er seinen Kopf unbarmherzig schüttelte wie ein Richter beim Todesurteil. »Nicht einmal ansatzweise!«

»Überschätzter Ort«, sprach ein gewisser Oberst Pound und es war wohl (so wie er aussah) das erste Mal seit einigen Monaten gewesen, daß er überhaupt etwas sagte.

»Oh, ich weiß nicht«, erwiderte der optimistische Herzog von Chester, »es ist recht gut für gewisse Dinge. Nicht zu überbieten in –«

Ein Kellner lief rasch durch den Raum und blieb plötzlich stehen. Sein Stehenbleiben war so geräuschlos wie sein Gang, doch alle diese unbestimmten und liebenswürdigen Herren waren so an den geschmeidigen Gang des unsichtbaren Mechanismus, der sie umgab und ihr Leben aufrecht erhielt, gewöhnt, daß ein Kellner, der etwas Unerwartetes tat, sie aufrüttelte wie ein falscher Ton. Sie fühlten sich, wie sich jeder fühlen würde, wenn die leblose Welt auf einmal den Gehorsam verweigert – wie wenn uns ein Stuhl davonlaufen würde.

Der Kellner stand und starrte einige Sekunden, während sich auf jedem Gesicht am Tische eine seltsame Beschämung breit machte, wie sie voll und ganz ein Produkt unserer Zeit ist. Jene Mischung von modernem Humanitarismus und dem schrecklichen modernen Abgrund, der zwischen den Seelen der Reichen und der Armen klafft. Ein echter althergebrachter Aristokrat hätte etwas nach dem Kellner geworfen, angefangen bei leeren Flaschen und am Ende höchstwahrscheinlich Geld. Ein echter Demokrat hätte ihn mit kameradschaftlicher Direktheit gefragt, was zum Teufel er denn da mache. Aber diese modernen Plutokraten konnten keinen armen Mann in ihrer Nähe ertragen, weder als Sklave, noch als Freund. Daß irgendetwas mit der Bedienung nicht stimmte, war für sie höchstens befremdlich und hochnotpeinlich. Brutal wollten sie nicht sein, und sie schreckten davor zurück, nachsichtig sein zu müssen. Sie wollten nur, daß die Angelegenheit, was immer sie auch sei, ein Ende fand. Und sie fand ein Ende. Der Kellner drehte sich, nachdem er ein paar Sekunden wie ein Kataleptiker dagestanden hatte, um und rannte wie ein Verrückter hinaus. Als er wieder im Raum oder besser gesagt in der Tür erschien, kam er in Begleitung eines zweiten Kellners, mit dem er nun südländisch temperamentvoll tuschelte und gestikulierte. Dann verschwand der erste Kellner, ließ den zweiten zurück und erschien wieder mit einem dritten. Zu dem Zeitpunkt, als ein vierter Kellner sich zu diesem überstürzten Konzil gesellt hatte, hielt es, wohl um den Takt zu wahren, Mr. Audley für angebracht, das Schweigen zu brechen. Das tat er statt mit seiner Präsidentenglocke mit einem sehr lauten Räuspern, und er sagte:

»Gute Arbeit, die der junge Moocher da in Birma macht! Ich glaube keine andere Nation der Welt besitzt –«

Ein fünfter Kellner war wie ein Pfeil auf ihn zugeschwirrt und flüsterte ihm ins Ohr.

»Entschuldigen vielmals. Es ist sehr wichtig! Dürfte der Besitzer mit Ihnen sprechen?«

Der Vorsitzende wandte sich verwirrt um, und starrte stumm auf den schwerfällig herbeieilenden Mr. Lever. Die Haltung des guten Besitzers war in der Tat seine gewöhnliche, nur das Gesicht, das er aufgelegt hatte, war alles andere als gewöhnlich. Sonst pflegte es einen warmen Bronzeton zu haben, jetzt war es kränklich-gelb.

»Sie werden verzeihen. Mr. Audley«, begann er in asthmatischer Atemlosigkeit. »Ich habe eine große Befürchtung. Ihre Fischteller sind mitsamt den Messern und Gabeln abgeräumt worden!«

»Nun, das hoffe ich doch«, erwiderte der Vorsitzende mit etwas Wärme.

»Haben Sie ihn gesehen?« schnappte der aufgeregte Hotelwirt. »Haben Sie den Kellner gesehen, der sie abgeräumt hat? Kennen Sie ihn?«

»Den Kellner kennen?« antwortete Mr. Audley entrüstet. »Natürlich nicht!«

Mr. Lever hob in gequälter Geste die Hände. »Ich habe ihn nicht geschickt«, sagte er. »Ich weiß nicht, wann und warum er gekommen ist. Als ich meinen Kellner schickte, um die Teller abzuräumen, waren sie bereits abgeräumt!«

Mr. Audley schaute ein bisschen zu verwirrt, um wirklich der Mann zu sein, auf den das Empire angewiesen ist. Niemand aus der Gesellschaft war imstande, etwas zu sagen, ausgenommen der Mann aus Holz – Oberst Pound –, der zu unnatürlichem Leben erwacht zu sein schien. Steif erhob er sich von seinem Stuhl, ließ alle anderen sitzen, quetschte sich sein Monokel ins Auge und sprach mit reibeisener Stimme, als hätte er das Sprechen zur Hälfte verlernt:

»Wollen Sie sagen, daß jemand unser silbernes Fischservice gestohlen hat?«

Der Besitzer wiederholte seine Handgeste, diesmal mit noch größerer Hilflosigkeit, und blitzschnell hatten sich alle am Tisch erhoben.

»Sind alle Ihre Kellner anwesend?« fragte der Oberst mit seinem tiefen und rauen Akzent.

»Ja, sie sind alle hier. Ich habe mich selbst davon überzeugt«, rief der junge Herzog, sein knabenhaftes Gesicht in den innersten Zirkel drängend. »Ich zähle sie jedes Mal, wenn ich hereinkomme; sie sehen so lustig aus, wenn sie an der Wand aufgereiht dastehen.«

»Aber man kann sich doch bestimmt nicht so genau daran erinnern«, begann Mr. Audley schwerfällig zögernd.

»Ich erinnere mich ganz genau, sage ich Ihnen«, rief der Herzog erregt. »Es waren nie mehr als fünfzehn Kellner, und es waren auch nicht mehr als fünfzehn heute Abend, das kann ich beschwören; nicht mehr und nicht weniger!«

Von seiner Überraschung gelähmt, wandte sich der Besitzer zitternd zu ihm: »Sie sagen – Sie sagen«, stammelte er, »daß Sie alle meine Kellner gesehen haben?«

»Wie immer«, bestätigte der Herzog: »was ist so besonders daran?«

»Nichts«, erwiderte Lever mit tiefem Nachdruck. »nur daß Sie das nicht konnten. Einer liegt oben tot im Zimmer.«

Für einen Augenblick beherrschte eine beängstigende Stille den Raum. Es mag sein – so übernatürlich ist das Wort »tot« –, daß jeder von diesen Müßiggängern einen kurzen Moment in sein Inneres blickte und feststellte, daß seine Seele einer kleinen vertrockneten Erbse glich. Einer von ihnen – der Herzog glaube ich – meinte sogar mit der idiotischen Güte der Wohlhabenden:

»Können wir vielleicht irgendetwas tun?«

»Ein Priester war bei ihm«, antwortete der Jude nicht ohne Rührung.

Dann, wie beim Glockenschlag zum Jüngsten Gericht realisierten sie ihre Lage. Ein paar unheimliche Sekunden lang hatten sie wirklich geglaubt, der fünfzehnte Kellner wäre der Geist des toten Mannes von oben gewesen. Diese Vorstellung hatte sie dumm dreinschauen lassen, denn Geister waren für sie etwas ebenso Entsetzliches wie Bettler. Aber die Erinnerung an das Silber brach den Bann des Übernatürlichen, brach ihn unvermittelt und erzeugte eine heftige Gegenreaktion. Der Oberst schleuderte seinen Stuhl von sich und schritt eilig zur Tür.

»Wenn ein fünfzehnter Mann hier war, meine Freunde«, sagte er. »war der fünfzehnte Bursche ein Dieb. Sofort an die Vorder- und Hintertüren und alles sichern! Dann reden wir weiter. Die vierundzwanzig Perlen des Klubs sind es wert, daß wir sie uns zurückholen.«

Mr. Audley schien anfangs darüber zu zögern, ob es sich anschicke, über etwas so in Eile zu geraten; als er aber den Herzog in jugendlichem Ungestüm die Treppen hinunterstürzen sah, folgte er ihm mit etwas gesetzteren Bewegungen. Im gleichen Augenblick rannte ein sechster Kellner ins Zimmer und berichtete, er habe den Stapel Fischteller auf einer Anrichte gefunden, aber ohne jede Spur des Silbers.

Der Auflauf aus Gästen und Kellnern, der Hals über Kopf die Gänge hinabstürzte, teilte sich in zwei Gruppen. Die meisten der »Fischer« folgten dem Besitzer zum Raum am Eingang, um nachzufragen, ob jemand gegangen sei. Oberst Pound mit dem Vorsitzenden, dem Vize und noch einige andere stürmten den Gang zum Dienertrakt hinunter, den sie als den wahrscheinlichsten Fluchtweg ausgemacht hatten. Dabei kamen sie an der dunklen Nische oder auch Höhle der Garderobe vorbei und sahen dort eine untersetzte, schwarzgekleidete Gestalt, vermutlich einen Bediensteten, der sich ein wenig im Dunkeln hielt.

»Hallo! Sie dort!« rief der Herzog. »Haben Sie jemanden vorbeikommen sehen?«

Die untersetzte Gestalt beantwortete die Frage nicht direkt, sondern sagte nur:

»Vielleicht habe ich, wonach Sie suchen, meine Herren.«

Sie hielten an, unschlüssig und neugierig, während er in den hinteren Teil der Garderobe ging und mit beiden Händen voll glänzenden Silbers zurückkehrte, das er mit der Ruhe eines Verkäufers auf der Theke vor sich ausbreitete. Es nahm schließlich die Form eines Dutzend originell geformter Gabeln und Messer an.

»Sie – Sie –« begann der Oberst, der schließlich ganz die Fassung verloren hatte. Dann guckte er in das dämmerige, kleine Loch und erkannte zwei Dinge, erstens, daß der untersetzte, schwarzgekleidete Mann wie ein Geistlicher angezogen war, und zweitens, daß das Fenster hinter ihm zerbrochen war, wie wenn jemand hindurchgestürzt wäre.

»Zu wertvoll, um es in einer Garderobe aufzubewahren, nicht?« bemerkte der Geistliche mit heiterer Ruhe.

»Haben – haben Sie diese Dinge gestohlen?« stotterte Mr. Audley starren Blickes.

»Wenn ich das getan hätte«, erwiderte jener vergnügt, »so hätte ich sie wenigstens wieder zurückgebracht.«

»Aber Sie haben es nicht getan?« warf Oberst Pound dazwischen, immer noch das zerbrochene Fenster anstarrend.

»Offen gestanden, nein«, gab jener humorvoll zurück und setzte sich ganz ernsthaft auf einen Stuhl nieder.

»Aber Sie wissen, wer es war!« forschte der Oberst weiter.

»Seinen wirklichen Namen kenne ich nicht«, antwortete der Priester sanft, »aber ich weiß einiges über sein Kampfgewicht und noch viel mehr von seinen geistigen Nöten. Ich lernte ihn körperlich kennen, als er mich erwürgen wollte, und moralisch, als er es bereute.«

»Oh, sagten Sie – bereute?« rief der junge Chester unter gellendem Gelächter.

Pater Brown stand auf und bemerkte, mit den Händen auf dem Rücken verschränkt,: »Lustig, nicht wahr, daß ein Dieb und Landstreicher bereut, während so viele, die reich und sorglos sind, hart und leichtfertig bleiben, ohne Nutzen für Gott und die Menschheit? Aber verzeihen Sie bitte, damit überschreiten Sie ein wenig meinen Zuständigkeitsbereich. Wenn Sie die Reue als eine praktische Tatsache anzweifeln, hier bitte, hier sind Ihre Messer und Gabeln. Sie sind die »Zwölf wahren Fischer« und hier sind all Ihre silbernen Fische. Er aber hat mich zum Fischer der Menschen gemacht.«

»Haben Sie den Kerl gefangen?« fragte der Oberst mit gerunzelter Stirn.

Pater Brown blickte ihm direkt ins zweifelnde Gesicht.

»Ja«, sagte er, »ich fing ihn mit einer unsichtbaren Angel und einer unsichtbaren Leine, die lang genug ist, um ihn bis ans Ende der Erde laufen zu lassen und ihn mit einem einzigen Ruck an der Leine zurückzubringen.«

Ein langes Schweigen folgte. Alle anderen anwesenden Männer verzogen sich, um das wiedergewonnene Silber zu ihren Gefährten zurückzubringen oder den Besitzer über die seltsamen Vorgängen zu befragen. Nur der Oberst saß noch immer mit grimmigem Gesicht seitlich auf der Theke, seine langen, dürren Beine baumelnd und auf seinem dunklen Schnurrbart herumkauend. Endlich wandte er sich in aller Ruhe zu dem Priester:

»Muß ein cleverer Bursche gewesen sein, aber ich glaube, ich kenne einen, der noch cleverer ist.«

»Er war ein cleverer Bursche«, gab dieser zurück, »aber ich bin mir nicht sicher, welchen anderen Sie meinen.«

»*Sie* meine ich«, erwiderte der Oberst mit kurzem Lachen. »Ich verlange nicht, daß der Kerl in den Knast kommt, machen Sie sich darum keine Sorgen, aber ich würde Ihnen eine ganze Menge Silbergabeln anbieten, wenn ich erfahren dürfte, wie Sie in diese Geschichte verwickelt wurden und das Zeug wieder von ihm zurückbekamen. Ich denke, Sie sind der ausgekochteste Teufel der geehrten Anwesenden.«

Pater Brown schien die grimmige Freimütigkeit des alten Soldaten zu gefallen.

»Nun«, meinte er lächelnd, »über die Identität des Mannes darf ich Ihnen natürlich nichts erzählen, genauso wenig über seine Geschichte; aber ich sehe keinen bestimmten Grund, warum ich Ihnen nichts von den rein äußerlichen Tatsachen erzählen sollte, die ich selbst herausgefunden habe.«

Mit unerwarteter Agilität schwang er sich über die Theke, setzte sich neben Oberst Pound und ließ wie ein kleiner Junge auf einem Zaun die kurzen Beine baumeln. So gerade heraus, wie mit einem alten Freund am Kaminfeuer, begann er seine Geschichte zu erzählen.

»Sehen Sie, Oberst«, hob er an, »ich war in jener kleinen Kammer dort eingeschlossen und schrieb, als ich ein paar Füße in diesem Korridor einen Tanz aufführen hörte, der so merkwürdig, wie der Tanz des Todes war. Erst kamen kurze, witzige kleine Schritte wie von einem Mann, der auf den Zehenspitzen um die Wette läuft; dann kamen langsame, sorglose, knarrende Schritte wie von einem großen Mann, der mit einer Zigarre im Mund herumspaziert. Aber ich schwöre Ihnen, es waren beides mal dieselben Füße und sie wechselten sich ab; erst das Laufen, dann das Gehen und dann wieder das Laufen. Erst dachte ich müßig darüber nach, aber dann überlegte ich wie wild, weshalb ein Mensch diese beiden Rollen auf einmal spielen sollte. Die eine Gangart kannte ich, sie war wie die ihre, Oberst. Es war der Gang eines wohlgenährten Herrn, der auf etwas wartet, der umherschlendert, eher aufgrund seiner körperlichen Aufmerksamkeit, als aufgrund seiner geistigen Ungeduld. Ich wußte auch, daß ich die andere Gangart kannte, aber es fiel mir nicht ein, welche es war. Welches Geschöpf hatte ich auf meinen Reisen bisher getroffen, das auf den Zehenspitzen in dieser ungewöhnlichen Weise umhersprang? Dann hörte ich von irgendwoher das Klirren von Tellern und die Antwort stand so klar wie der Petersdom vor mir. Es war der Gang eines Kellners, jenes Laufen mit vorgebeugtem Oberkörper, die Augen gesenkt, mit den Zehenspitzen vom Boden sich abstoßend, mit fliegendem Frack und wehender Serviette. Dann überlegte ich noch anderthalb Minuten länger. Und ich glaube, ich durchschaute das Verbrechen in allen seinen Einzelheiten, so genau, als beginge ich es selbst.«

Oberst Pound blickte ihn durchdringend an, doch die milden, grauen Augen des Sprechers waren mit beinahe wehmütiger Leere im Blick zur Decke gerichtet.

»Ein Verbrechen« sagte er langsam, »ist wie jedes andere Kunstwerk. Sehen Sie mich nicht erstaunt an, Verbrechen sind keineswegs die einzigen Kunstwerke, die aus der teuflischen Werkstatt kommen. Aber jedes Kunstwerk, ob teuflisch oder göttlich, weist ein notwendiges Kennzeichen auf, nämlich daß sein Kern, so vielgestaltig auch die Ausführung sein mag, durchaus einfach ist. So haben wir z. B. in Hamlet die Absurdität des Totengräbers, die Blumen des wahnsinnigen Mädchens, den phantastischen Glanz Osrics, die Blässe des Geistes und das Grinsen des Schädels, aber all diese Absonderlichkeiten sind nur Blumenkränze geflochten um die einfache, tragische Gestalt eines Mannes in Schwarz. Nun gut«, fuhr er fort, indem er langsam und mit einem Lächeln von seinem Sitz herabglitt, »auch dies ist die einfache Tragödie eines Mannes in Schwarz. Ja«, bemerkte er unbeirrt, als er den Oberst verwundert aufblicken sah, »diese ganze Geschichte dreht sich um einen schwarzen Frack. Hier, wie bei Hamlet, gibt es Rokokorschnörkel – Sie selbst zum Beispiel. Da haben wir den toten Kellner, der anwesend war, als er nicht anwesend sein konnte, da haben wir die unsichtbare Hand, die das Silber von Ihrem Tisch fegte und sich dann in Luft auflöste. Aber jedes geschickt ausgeführte Verbrechen beruht im Wesentlichen auf irgendeiner ganz einfachen Tatsache, einer Tatsache, die an sich selbst nichts Geheimnisvolles hat. Das Geheimnis entsteht erst durch den Versuch, es zu vertuschen, durch den Versuch die Leute davon abzulenken. Dieses große und subtile und (wenn es denn glückt) sehr einträgliche Verbrechen gründete auf der simplen Tatsache, daß die Abendkleidung eines Gentleman und die eines Kellners ein und dieselbe ist. Der ganze Rest war Schauspielerei und noch dazu glänzende Schauspielerei.«

»Noch bin ich nicht sicher«, meinte der Oberst, als er aufstand, und seine Schuhe betrachtete, »ob ich verstehe.«

»Oberst«, erwiderte Pater Brown, »ich sage Ihnen, daß dieser Erzengel der Unverschämtheit, der Ihre Gabeln gestohlen hat, diesen Gang zwanzigmal bei heller Beleuchtung hoch und runter gelaufen ist, vor allen Augen! Er war nicht gekommen, um sich in finstern Winkeln zu verbergen, wo er sich dem Verdacht ausgesetzt und entdeckt hätte werden können. Er war beständig in den erleuchteten Gängen auf den Beinen, und überall, wohin er hinging, schien er sich rechtmäßig aufzuhalten. Fragen Sie mich nicht, wie er aussah; Sie haben ihn heute Abend selbst sechs- oder siebenmal gesehen. Sie warteten mit all den anderen hohen Herren dort im Rezeptionszimmer am Ende des Ganges, hinter dem die Terrasse liegt. Wann immer er sich zu Ihnen gesellte, geschah es in der blitzartigen Weise eines Kellners, mit gesenktem Kopf, fliegender Serviette und eiligen Schritten. Er schoß auf die Terrasse hinaus, machte sich irgendwie am Tischtuch zu schaffen und schoß wieder zurück zum Büro und zu den Räumen der Kellner. Sowie er in den Gesichtskreis des Büroangestellten und der Kellner getreten war, hatte er sich mit jedem Zentimeter seines Körpers, in jeder instinktiven Bewegung in einen anderen Mann verwandelt. Mit der geistesabwesenden Überlegenheit, welche diese von ihren Herren gewohnt sind, schlenderte er unter den Kellnern umher. Für sie war es nichts Neues, daß jemand von der Dinnergesellschaft in allen Teilen des Hauses herumspazierte wie ein Tier im zoologischen Garten; sie wissen, daß nichts besser die oberen Zehntausend kennzeichnet als ein Spaziergang, gerade wie es beliebt. War er dann des Umherwanderns in diesem besonderen Gange müde, so kehrte er um und verschwand wieder hinter dem Büro; im Schatten des Gewölbes genau dahinter verwandelte er sich wie durch Zauberhand und lief wieder emsig als ihr unterwürfigster Diener unter die Gesellschaft der »Zwölf Fischer«. Weshalb sollten die Herren einen gewöhnlichen Kellner beachten? Weshalb sollte ein erstklassig umherschlendernder Gentleman bei den Kellnern Verdacht erregen? Ein paarmal vollführte er sogar die gewagtesten Tricks. In den Privaträumen des Besitzers verlangte er lärmend eine Flasche Sprudel, weil er durstig sei. Brillanterweise erklärte er, daß er sie selbst tragen wolle, und das tat er dann auch. Rasch und korrekt trug er die Flasche mitten zwischen Ihnen hindurch, ohne Zweifel ein Kellner mit einem Auftrag. Natürlich, lange ließ sich das nicht durchhalten, aber es war ja nur notwendig bis der Fischgang vorüber war.

Der brenzligste Moment kam, als die Kellner in einer Reihe standen, doch selbst da brachte er es fertig, an der Ecke, an der Wand zu lehnen in einer Weise, daß im entscheidenden Augenblick die Kellner ihn für einen Gast und die Gäste ihn für einen Kellner hielten. Der Rest war so einfach wie blinzeln. Wenn je ein Kellner ihn abseits der Tafel antraf, traf dieser einen lässigen Aristokraten.

Er musste nur die Zeit finden, sich, zwei Minuten bevor der Fisch abgeräumt würde, in einen flinken Kellner zu verwandeln und das Geschirr selbst abräumen. Er stellte die Teller auf eine Anrichte, stopfte das Silber in seine Brusttasche, beulte diese damit aus und rannte dann wie ein Wiesel – ich hörte ihn kommen –, bis er die Garderobe erreichte. Dort mußte er wieder ein Plutokrat sein, ein Plutokrat, der unerwartet irgendwelche Geschäfte zu erledigen hatte. Er mußte nur dem Garderobier seine Marke geben und dann elegant wie er gekommen war weggehen. Nur – nur daß ich eben zufällig der Garderobier war.«

»Und was machten Sie mit ihm?« unterbrach ihn der Oberst aufs heftigste. »Was sagte er Ihnen?«

»Verzeihen Sie«, antwortete der Priester, »aber hier hört die Geschichte auf.«

»– und der interessante Teil fängt erst an«, brummte Pound. »Ich glaube, seinen Gaunerstreich verstehe ich, aber mir scheint, den Ihrigen habe ich noch nicht begriffen«

»Ich muß gehen«, schloß Pater Brown.

Sie schritten gemeinsam den Gang zum Foyer entlang, wo sie das muntere Sommersprossengesicht des Herzogs von Chester erblickten, der ihnen vergnügt entgegenkam.

»Kommen Sie mit, Pound«, rief er atemlos. »ich habe überall nach Ihnen gesucht. Das Dinner erlebt seine glamouröse Fortsetzung und der alte Audley muß zu Ehren der Rettung der Gabeln eine Rede halten. Wir müssen doch irgendeine neue Zeremonie zum Gedenken an dieses Ereignis einführen. Schließlich haben wir die Dinger wieder! Was schlagen Sie vor?«

»Nun«, erwiderte der Oberst, ihn mit sarkastischer Zustimmung fixierend, »ich würde vorschlagen, wir tragen in Zukunft grüne Fräcke anstatt der schwarzen. Man weiß nie, was für Mißverständnisse entstehen können, wenn man wie ein Kellner aussieht.«

»Ach, kommen Sie schon!« wehrte der junge Mann ab, »ein Gentleman sieht nie wie ein Kellner aus.«

»Genausowenig wie ein Kellner wie ein Gentleman aussieht, denke ich«, gab Oberst Pound mit demselben bitteren Lachen im Gesicht zurück, »Hochwürden, Ihr Freund muß sehr geschickt gewesen sein, um einen Gentleman spielen zu können.«

Pater Brown knöpfte sich seinen gewöhnlichen Mantel bis zum Hals hinauf zu, denn die Nacht war windig; dann nahm er seinen gewöhnlichen Regenschirm vom Ständer. »Ja«, meinte er, »es war bestimmt ein sehr hartes Stück Arbeit, ein Gentleman zu sein; aber ich habe mir schon manchmal gedacht, daß es schon beinahe genauso mühselig sein muß, ein Kellner zu sein.«

Und mit einem »guten Abend« stieß er die schweren Türen dieses Vergnügungspalastes auf. Die goldenen Pforten schlossen sich hinter ihm und schnellen Schrittes wanderte er durch die dunstigen, finsteren Straßen auf der Suche nach einem Omnibus.

Israel Gows Ehre

Ein stürmischer Abend aus Olivgrün und Silber neigte sich seinem Ende entgegen, als Pater Brown in einen grauen schottischen Plaid gehüllt das Ende eines grauen schottischen Tales erreichte und das wunderliche Schloß Glengyle erblickte. Wie eine Sackgasse schloss es die Talenge ab und sah aus, als wäre es das Weltende. Mit seinen steilen Dächern und Spitztürmen aus meergrünem Schiefer erhob es sich in der Art der alten französisch-schottischen Schlösser und erinnerte jeden Engländer an die unheimlichen Spitzhüte von Hexen. Die Kieferwälder, die um die grünen Türme wogten, sahen im Vergleich dazu so schwarz wie Rabenschwärme aus. Dieser Hauch von verträumter, fast schläfriger Teufelei war keine Laune der Landschaft. Denn es lag eine dieser Wolken von Stolz, Wahnsinn und geheimnisvollem Leid über diesem Ort, wie sie schwerer auf den Adelssitzen Schottlands lasten, als über denen der anderen Menschenkinder. Denn Schottland besitzt eine doppelte Dosis dieses Giftes, das man Erblichkeit nennt, der Sinn für das Blut bei den Aristokraten und der Sinn für das Verhängnis bei den Calvinisten.

Der Priester hatte sich einen Tag von seiner Arbeit in Glasgow befreien können, um seinen Freund Flambeau, den Amateurdetektiv, zu treffen. Dieser befand sich mit einem anderen offizielleren Kollegen auf Schloß Glengyle, um das Leben und den Tod des gerade verstorbenen Grafen von Glengyle zu untersuchen. Jene geheimnisvolle Person war der letzte Vertreter eines Geschlechtes gewesen, dessen Tapferkeit, Wahnsinn und gewalttätige Verschlagenheit es im sechzehnten Jahrhunderts sogar inmitten der düsteren schottischen Nobilität zu schrecklicher Ehre gebracht hatte. Niemand steckte tiefer in diesem Labyrinth aus Ambition und Lüge, aus dem der Palast Maria Stuarts, Königin der Schotten, Kammer um Kammer aufgebaut war.

Das in der Landbevölkerung überlieferte Sprichwort verriet ganz offen Ziel und Zweck ihrer Machenschaften:

»Was der grüne Saft den Bäumen,
Ist den Ogilvies das rote Gold.«

Viele Jahrhunderte lang hatte es keinen ehrenwerten Herrn auf Schloß Glengyle gegeben und im viktorianischen Zeitalter dachte man, daß sich all ihre Exzentrizitäten verbraucht hätten. Der letzte Glengyle jedoch befriedigte die Tradition seiner Ahnen dadurch, indem er das einzige tat, was ihm zu tun übrig blieb: er verschwand. Ich meine damit nicht, daß er ins Ausland ging. Allem Gerede nach war er, wenn er überhaupt noch irgendwo war, im Schloss. Doch obwohl sein Name im Kirchenbuch und dem dicken, roten Hofalmanach stand, hatte ihn niemand je zu sehen bekommen.

Wenn ihn überhaupt jemand zu Gesicht bekommen hatte, war es ein einsamer Knecht, ein Mittelding zwischen Stallbursche und Gärtner. Er war so taub, daß das gewöhnliche Volk ihn für stumm hielt, während die Scharfsinnigeren ihn als schwachsinnig bezeichneten. Ein hagerer, rothaariger Arbeiter mit verbissenem Unterkiefer, aber ganz ausdruckslosen blauen Augen, welcher auf den Namen Israel Gow hörte, war der einzige und stille Diener auf diesem verlassenen Anwesen. Doch die Ausdauer, mit der er Kartoffeln ausgrub, und die Regelmäßigkeit, mit der er in der Küche verschwand, hinterließen im Volk den Eindruck, er bereite die Mahlzeiten für einen Herrn zu und der merkwürdige Graf sei noch im Schloss verborgen. Wenn die Gesellschaft noch einen weiteren Beweis brauchte, daß er da war, so versicherte sein Diener ständig, der Herr sei nicht zu Hause. Eines Morgens wurden der Bürgermeister und der Pastor (denn die Glengyles waren Presbyterianer) auf das Schloß bestellt. Dort fanden sie, daß der Gärtner, Stallbursche und Koch seinen vielen Berufen noch den eines Leichenbestatters hinzugefügt und seinen edlen Herrn in einen Sarg vernagelt hatte. Wie viele oder wie wenige weitere Ermittlungen dieser sonderbaren Tatsache zuteil geworden waren, war noch nicht klar abzuschätzen, denn der Fall war niemals amtlich untersucht worden, bis Flambeau vor zwei oder drei Tagen nach Norden abgereist war. Bis dahin hatte die Leiche Lord Glengyles (wenn es die Leiche war) einige Zeit auf dem kleinen Friedhof auf dem Hügel gelegen.

Als Pater Brown durch den düsteren Garten schritt und in den Schatten des Schlosses trat, hingen dichte Wolken am Himmel und die ganze Luft war gewitterschwül und feucht. Im letzten Schimmer des grünlich-goldenen Sonnenunterganges sah er einen schwarzen menschlichen Umriß, einen Mann mit einem altmodischen Zylinder, auf der Schulter einen großen Spaten tragend. Diese Kombination deutete in merkwürdiger Weise auf einen Totengräber hin, doch als Brown sich des tauben, Kartoffeln grabenden Dieners gewahr wurde, schien sie ihm ganz natürlich. Er wußte einiges von den schottischen Bauern, er kannte ihren Anstand, der es notwendig erscheinen lassen konnte, bei einer amtlichen Untersuchung in »Schwarz« zu erscheinen. Er kannte auch ihre Sparsamkeit, die wegen so einer Angelegenheit nicht eine Stunde zum Kartoffelgraben opfern wollte. Selbst des Mannes Aufschrecken und sein argwöhnischer Blick, als der Priester vorüberging, standen im absoluten Einklang mit der Wachsamkeit und dem Neid dieses Menschenschlags.

Die große Pforte wurde von Flambeau höchstpersönlich geöffnet. Neben ihm stand ein Mann mit eisengrauen Haaren, der Papiere in der Hand hielt: Inspektor Craven von Scotland Yard. Die Vorhalle war zum größten Teil ausgeräumt und leer, allein die bleichen spöttischen Gesichter einiger niederträchtiger Ogilvies sahen unter ihren schwarzen Perücken von Leinwänden auf sie herunter.

Als Pater Brown Ihnen zu einem Zimmer folgte, bemerkte er, daß seine Gefährten an einem langen Eichenholztisch saßen, dessen Ende mit beschriebenen Papieren bedeckt war, flankiert von Whisky und Zigarren. Über die ganze restliche Länge war er mit vereinzelten Gegenständen übersät, die in Abständen voneinander aufgestellt waren, Gegenstände, so unerklärlich, wie sie nur sein konnten. Einer sah aus wie ein Häufchen glitzernden zerbrochenen Glases. Ein anderer wie ein hoher Haufen braunen Staubes. Ein drittes Objekt sah aus wie ein einfacher Holzstock.

»Sie scheinen hier eine Art geologisches Museum zu haben«, sagte er, als er sich niedersetzte und mit einem kurzen Nicken seines Kopfes auf den braunen Staub und die Kristallfragmente wies.

»Kein geologisches Museum«, erwiderte Flambeau, »sagen wir: ein psychologisches.«

»Oh, um Gottes willen.« rief der Polizeibeamte lachend, »fangen wir bloß nicht mit so langen Worten an.«

»Wissen Sie nicht, was Psychologie bedeutet?« fragte Flambeau mit freundlichem Erstaunen. »Psychologie bedeutet, eine Meise zu haben.«

»Ich kann immer noch nicht folgen« gab der Beamte zurück.

»Nun« sagte Flambeau mit Bestimmtheit, »ich meine, daß wir bezüglich Lord Glengyles nur eine Sache herausgefunden haben. Er war ein Wahnsinniger.«

Gows schwarze Silhouette mit seinem Zylinder und Spaten zog dunkel, sich gegen den Abendhimmel abhebend, vor dem Fenster vorüber. Pater Brown starrte ihn gleichgültig an und begann:

»Ich verstehe, daß irgendetwas bei dem Mann nicht ganz richtig gewesen sein muß, sonst hätte er sich nicht lebendig begraben, oder eine solche Eile gehabt, sich tot zu begraben. Aber was veranlaßt Sie, anzunehmen, daß es sich um eine Geistesstörung handelte?«

»Nun« sagte Flambeau, »hören Sie sich einfach einmal die Liste von Dingen an, die Mr. Craven im Haus gefunden hat.«

»Wir müssen eine Kerze holen«, bemerkte Craven plötzlich, »ein Gewitter zieht auf und es ist zu finster zum Lesen.«

»Haben Sie unter Ihren Merkwürdigkeiten irgendwelche Kerzen gefunden?« fragte Brown lächelnd.

Flambeau machte ein ernstes Gesicht und heftete seine dunklen Augen auf seinen Freund.

»Das ist ebenfalls sonderbar« sagte er.

»Fünfundzwanzig Kerzen und keine Spur von einem Kerzenleuchter.«

Im sich immer rascher verdunkelnden Zimmer und beim immer rascher heulenden Wind, schritt Brown am Tisch entlang zu einem Bündel Wachskerzen, das inmitten anderer bruchstückhafter Exponate lag. Dabei bückte er sich zufällig über den Haufen rotbraunen Staubes und ein scharfes Niesen unterbrach die Stille.

»Was haben wir denn hier!« rief er. »Schnupftabak.«

Er nahm eine der Kerzen, zündete sie vorsichtig an, kam zurück und steckte sie in den Hals der Whiskyflasche. Die ruhelose Nachtluft pfiff durch das rissige Fenster und ließ die lange Flamme wie ein Banner wehen. Rings um das Schloß konnte man das Rauschen der sich meilenweit erstreckenden schwarzen Kiefernwälder vernehmen, die wie ein schwarzes Meer gegen einen Felsen brandeten.

»Ich werde das Inventar verlesen«, begann Craven ernst und nahm eines der Papiere zur Hand, »die Liste dessen, was wir verlassen und rätselhaft im Schloss vorgefunden haben. Sie müssen wissen, daß der Ort im Allgemeinen vernachlässigt war und auseinanderfiel, ein oder zwei Zimmer jedoch waren sichtlich in einem einfachem, aber keineswegs ärmlichen Stil von jemandem bewohnt gewesen, von jemand, der nicht mit dem Diener Gow identisch war. Das Verzeichnis lautet wie folgt:

Erstens: Eine beträchtliche Menge von Edelsteinen, fast ausnahmslos Diamanten, sämtlich lose, ohne irgendeine Fassung. Es ist sicher natürlich, daß die Ogilvies Familienjuwelen besaßen, doch wären diese dann wohl ausnahmslos Teil von Schmuckstücken oder Verzierungen gewesen. Man möchte meinen, die Ogilvies hätten ihre Juwelen wie lose Münzen in der Tasche mit sich herumgetragen.

Zweitens: Haufen und Haufen von unverpacktem Schnupftabak, weder in einem Horn noch in einem Beutel aufbewahrt, sondern in Haufen auf dem Kaminsims, der Anrichte, dem Klavier, kurz überall. Es sieht aus, als habe sich der alte Herr nicht die Mühe machen wollen, in eine Tasche zu greifen oder einen Deckel aufzumachen.

Drittens: Da und dort finden sich im Hause sonderbare kleine Haufen winziger Metallstücke, einige sehen wie Stahlfedern aus, andere in Form mikroskopischer Räder, als habe man irgendein mechanisches Spielzeug demontiert.

Viertens: Die Wachskerzen, welche in Flaschenhälsen gesteckt haben müssen, weil es sonst nichts gibt, um sie hineinzustecken. Nun möchte ich Sie darauf aufmerksam machen, daß all dies noch wesentlich sonderbarer ist, als alles, was wir erwartet hatten. Auf das zentrale Rätsel sind wir vorbereitet; wir haben alle auf einen Blick erkannt, daß etwas mit dem letzten Grafen nicht in Ordnung war. Wir kamen hierher, um herauszufinden, ob er wirklich hier gelebt hat, ob er wirklich hier gestorben ist und ob die rothaarige Vogelscheuche, die ihn begrub, mit seinem Tod irgendetwas zu tun hatte. Aber nehmen wir von Allem einmal das Schlimmste an, die entsetzlichste oder melodramatischste Lösung, die Sie sich vorstellen können. Nehmen wir an, der Diener ermordete wirklich den Herrn, oder nehmen wir an, der Herr ist in Wirklichkeit nicht tot, oder nehmen wir an, der Herr ist als Diener verkleidet oder der Diener wurde anstatt des Herrn begraben; denken Sie sich was auch immer für eine Wilkie Collins*-Tragödie aus, so haben Sie immer noch keine Erklärung für eine Kerze ohne Leuchter, oder weshalb ein älterer Herr aus guter Familie die Gewohnheit haben sollte, Schnupftabak auf dem Klavier zu lagern. Den Kern der Geschichte konnten wir uns vorstellen; Es ist nur so, daß die Geschichte an den Rändern ins Mysteriöse ausfranst. Selbst die lebhafteste Phantasie ermöglicht es dem menschlichen Verstand hier nicht, Schnupftabak, Diamanten, Uhrwerk und Wachs in Zusammenhang bringen.«

»Mir scheint, ich sehe den Zusammenhang« warf der Priester ein. »Dieser Glengyle war ein erbitterter Gegner der Französischen Revolution und ein begeisterter Anhänger des *ancien régime.* Er war buchstäblich bemüht, das Familienleben der letzten Bourbonen wieder aufleben zu lassen. Er be-

---

* Britischer Schriftsteller der zu den ersten Autoren des Detektiv- und »Mystery«-Genres zählt.

nutzte Schnupftabak, weil das der Luxusartikel des achtzehnten Jahrhunderts war; Wachskerzen, weil sie die Beleuchtung des achtzehnten Jahrhunderts darstellten, die eisernen Maschinenteilchen repräsentieren die Hobbyschlosserei Ludwigs XVI., und die Diamanten sind für das Diamantenhalsband Marie Antoinettes.«

Die beiden anderen starrten ihn mit großen Augen an.

»Was für eine vollkommen außerordentliche Idee!« rief Flambeau. »Glauben Sie wirklich, das ist die Wahrheit?«

»Ich bin mir vollkommen sicher, daß sie das nicht ist«, erwiderte Pater Brown, »aber Sie sagten, niemand könne Schnupftabak mit Diamanten und Uhrwerk mit Wachskerzen in Zusammenhang bringen. Diesen Zusammenhang habe ich Ihnen aus dem Stegreif geliefert, aber ich bin sehr sicher, die eigentliche Wahrheit liegt tiefer.«

Er hielt einen Augenblick lang inne und lauschte dem Heulen des Windes in den Türmen und sagte dann: »Der verstorbene Graf Glengyle war ein Dieb. Er lebte ein zweites und noch dunkleres Leben als ein zu allem entschlossener Einbrecher. Er besaß keine Leuchter, denn er brauchte diese Kerzen nur kurz geschnitten für die kleine Laterne, die er bei sich trug. Den Schnupftabak verwendete er wie die schlimmsten französischen Verbrecher den Pfeffer, um ihn plötzlich in großen Mengen einem Verfolger oder Häscher ins Gesicht zu schleudern. Aber der ausschlaggebende Beweis liegt in dem sonderbaren Zusammentreffen der Diamanten mit den kleinen Stahlrädern. Das macht Ihnen doch sicher alles klar? Diamanten und kleine Stahlräder sind die einzigen Werkzeuge, mit denen man eine Glasscheibe schneiden kann.«

Durch den Wind getrieben schlug der Ast einer verwitterten Kiefer heftig gegen die Fensterscheibe hinter ihnen, wie um einen Einbrecher nachzuahmen, aber sie drehten sich nicht danach um. Ihre Blicke waren auf Pater Brown geheftet.

»Diamanten und Rädchen«, murmelte Craven mehrmals. »Ist das alles, was sich als die wahre Erklärung ansehen läßt?«

»Ich halte es nicht für die wahre Erklärung«, erwiderte der Priester sanft, »aber Sie sagten, niemand könne die vier Dinge miteinander in Verbindung bringen. Der wahre Sachverhalt ist natürlich viel langweiliger. Glengyle hatte auf seinem Grundstück Edelsteine gefunden oder glaubte sie gefunden zu haben. Irgendjemand hatte ihn mit diesen losen Brillanten beschwindelt und ihm gesagt, sie seien in den Höhlen unter dem Schloß gefunden worden. Die Rädchen haben etwas mir Diamantenschleiferei zu tun. Er konnte die Sache nur sehr grob und in kleinem Maßstabe und mit Hilfe von Hirten und unerfahrenen Leuten betreiben. Schnupftabak ist der einzige richtige Luxus dieser schottischen Hirten, es ist das einzige Mittel, womit man sie gefügig machen kann. Sie hatten keine Leuchter, weil sie keine brauchten, sie trugen die Kerzen in der Hand, wenn sie die Höhlen durchforschten.«

»Ist das alles?« fragte Flambeau nach einiger Zeit. »Sind wir endlich der albernen Wahrheit auf den Grund gekommen?«

»Oh nein«, sagte Pater Brown.

Während der Wind in den entfernten Kieferwäldern mit langgezogenem, geradezu höhnischem Heulen erstarb, fuhr Pater Brown mit vollkommen ungerührter Miene fort:

»Ich habe das nur vorgeschlagen, weil Sie sagten, man könne nicht plausibel Schnupftabak mit Uhrwerk oder Kerzen und glitzernde Steine miteinander in Verbindung bringen. Es gibt zehn falsche Philosophien, die sich auf das Universum anwenden lassen und zehn falsche Theorien werden sich auf Schloß Glengyle anwenden lassen. Wir wollen aber die wahre Erklärung vom Schloß – und vom Universum. Aber gibt es keine weiteren Beweisstücke?«

Craven lachte, während Flambeau sich lächelnd erhob und bedächtig den Tisch entlang schritt. »Fünftens, sechstens, siebtens usw.« sagte er, »alles mit Sicherheit mehr abwechslungs-, als lehrreich. Da ist eine sonderbare Sammlung die nicht aus Bleistiften, sondern aus dem Blei aus Bleistiften besteht. Ein unnützer Stock aus Bambus, am oberen Ende ziemlich zersplittert. Es könnte möglicherweise die Tatwaffe sein, nur daß es kein Verbrechen gibt. Die einzigen anderen Gegenstände sind ein paar alte Messbücher und kleine Heiligenbilder, welche die Ogilvies, wahrscheinlich noch aus dem Mittelalter besaßen; ihr Familienstolz war eben doch stärker als ihr Puritanismus. Wir fügten sie nur der Ausstellung bei, weil sie in so merkwürdiger Weise zerschnitten und verunstaltet erscheinen.«

Der ungestüm rasende Sturm trieb draußen gerade furchtbare Wolkentrümmer über Glengyle hinweg und hüllte den langen Raum in Dunkelheit, als Pater Brown die kleinen, beleuchteten Blätter zur Hand nahm, um sie zu untersuchen. Er sprach noch ehe die Finsternis gewichen war, aber es war die Stimme eines vollkommen neuen Menschen.

»Mr. Craven.« sagte er im Tone eines um zehn Jahre jüngeren, »Sie haben doch bestimmt eine gesetzliche Vollmacht, um hochzugehen und das Grab zu untersuchen? Je eher wir das tun um dieser scheußlichen Geschichte auf den Grund gehen, desto besser. Ich an Ihrer Stelle würde mich sofort aufmachen.«

»Sofort« wiederholte der erstaunte Detektiv, »und weshalb sofort?«

»Weil das hier sehr ernst ist« antwortete Brown; »es handelt sich hier nicht um ausgeschütteten Schnupftabak oder um lose Kiesel, die aus hunderten Gründen hier sein könnten. Meines Wissens gibt es nur einen Grund, weshalb dies hier geschehen sein kann, und dieser Grund geht bis zu den Anfängen der Welt zurück. Diese Heiligenbilder sind nicht nur eben abgegriffen oder zerfetzt oder bekritzelt, wie es aus Unbedacht oder Fanatismus, von Kinder oder Protestanten getan worden sein könnte. Mit diesen hier hat man sehr sorgfältig und sehr eigentümlich verfahren. An jeder Stelle, wo der reichverzierte Name Gottes in der alten Handmalerei vorkommt, ist er aufwändig ausgeschnitten. Das einzige was sonst noch entfernt wurde, ist der Heiligenschein auf dem Kopf des Jesuskindes. Deshalb sage ich, holen wir unsere Vollmacht, unseren Spaten und unsere Hacke und gehen wir hoch und öffnen den Sarg.«

»Was meinen Sie?« fragte der Londoner Beamte.

»Ich meine«, antwortete der kleine Priester und seine Stimme schien im Heulen des Windes anzuschwellen, »ich meine, daß der große Teufel des Universums wahrscheinlich in diesem Augenblick, so groß wie hundert Elephanten, auf dem höchsten Turm dieses Schlosses sitzt und dröhnt wie die Apokalypse selbst. Dieser ganzen Geschichte liegt irgendwo schwarze Magie zugrunde.

»Schwarze Magie« wiederholte Flambeau leise, denn er war ein zu aufgeklärter Mann, um sich nicht in diesen Dingen auszukennen; »aber was können diese anderen Sachen bedeuten?«

»Oh, etwas verdammungswürdiges, vermute ich«, erwiderte Brown ungeduldig, »Was weiß ich? Wie kann ich von all den Irrwegen danieden wissen? Vielleicht kann man aus Schnupftabak und einem Bambusrohr ein Folterwerkzeug herstellen, vielleicht haben Umnachtete ihre Freude an Wachs und Stahlspänen. Vielleicht gibt es eine Droge, die aus Bleistiften hergestellt wird! Der kürzeste Weg, um das Geheimnis aufzuklären, führt uns den Hügel zum Grab hinauf.«

Seine Kameraden hatten kaum bemerkt, daß sie ihm gehorcht hatten und gefolgt waren, bis sie ein Stoß des Nachtwindes im Garten fast zu Boden warf. Nichtsdestoweniger hatten sie ihm wie Automaten gehorcht; denn Craven hatte die Hacke in der Hand und die Vollmacht in der Tasche, Flambeau schleppte den schweren Spaten des sonderbaren Gärtners, und Pater Brown trug das kleine goldverzierte Buch, aus dem der Name Gottes herausgeschnitten worden war.

Der Pfad den Hügel hinauf zum Friedhof war gewunden, aber kurz; nur in diesem heulenden Sturm schien er mühselig und lang zu sein. Soweit das Auge reichte und je höher hinauf sie stiegen, desto weiter und weiter erstreckte sich das Meer aus Kiefern, die jetzt alle unter dem Winde nach derselben Seite gebeugt waren. Und diese ganze umfassende Bewegung schien ebenso vergeblich wie endlos, so vergeblich, als pfiffe jener Wind um irgendeinen bestimmungslosen, unbewohnten Planeten. Durch all das unermeßliche Wachstum graublauer Wälder sang schrill und hoch das uralte Klagen, das im tiefen Innern alles Heidnischen wohnt. Man hätte meinen können, die Stimmen aus dem undurchdringlichen Nadelmeer seien die Schreie der verlorenen und ruhelosen heidnischen Götter, Götter, die in diesen vernunftwidrigen Wäldern umherstreiften, und die nie wieder ihren Weg zurück in den Himmel finden werden.

»Sehen Sie« sagte Pater Brown in einer tiefen aber leichten Stimme, » Bevor es Schottland gab, waren die Schotten ein seltsames Volk. Eigentlich sind sie immer noch ein seltsames Volk. Ich glaube, daß sie in vorgeschichtlicher Zeit wirklich Dämonen verehrt haben. »Deshalb« fügte er brillanterweise hinzu »stürzten Sie sich auch so auf die puritanische Theologie.«

»Mein Freund« sagte Flambeau sich wild herumdrehend, »was hat es mit diesem ganzen Schnupftabak auf sich?«

»Mein Freund« antwortete Brown mit gleichem Ernst, »es gibt ein Kennzeichen aller echten Religionen: Materialismus. Und Teufelsanbetung ist eine überaus echte Religion.«

Sie waren auf dem grasbedeckten Scheitel des Hügels angelangt, einem der wenigen freien Plätze, der sich deutlich vom ächzenden und stöhnenden Kiefernwald abhob. Eine ärmliche Einfriedung halb aus Holz und halb aus Draht, rasselte im Sturmwinde, um ihnen die die Grenzen des Friedhofes zu weisen.

Doch als Inspektor Craven am Rande des Grabes angekommen war und Flambeau seinen Spaten in den Boden gesteckt hatte, um sich darauf zu stützen, erbebten beide ebenso wie das wackelnde Holz und der Draht. Am Fußende des Grabes wuchsen große, hohe Disteln, grau und silbern verblüht. Ein paarmal, wenn ein Ballen Distelwolle vom Winde losgelöst vorbeiflog, sprang Craven etwas zur Seite, ganz so als wäre es ein Pfeil.

Flambeau trieb seinen Spaten durch das pfeifende Gras in den aufgeweichten Lehmboden. Dann schien er innezuhalten, um sich wie auf einen Stab zu stützen.

»Weiter« ermunterte der Priester freundlich, »wir suchen ja nur nach der Wahrheit, wovor haben Sie Angst?«

»Ich habe Angst davor, sie zu finden.« seufzte Flambeau.

Der Londoner Beamte sprach plötzlich mit hoher, krähender Stimme, die zwanglos und aufmunternd klingen sollte. »Ich möchte wissen, weshalb er tatsächlich so im Verborgenen lebte. Ich vermute etwas anstößiges. War er ein Aussätziger?«

»Etwas Schlimmeres noch«, erwiderte Flambeau.

»Und was denken Sie« fragte der andere, »wäre schlimmer als ein Aussätziger?«

»Ich stelle mir das gar nicht vor«, gab Flambeau zurück. Schweigend grub er einige bange Minuten weiter und sagte dann mit erstickter Stimme: »Ich fürchte, es ist da etwas nicht so wie es sein sollte.«

»So war es auch mit der Form dieses Papierstückes, wie Sie wissen«, sagte Pater Brown ruhig, »und wir kamen sogar über das Papierstück hinweg.«

Flambeau grub mit blindem Eifer weiter. Inzwischen hatte der Sturm die drückenden grauen Wolkenmassen, die wie Rauch an den Hügeln hingen, hinweggefegt und einzelne mattgraue Sternenfelder enthüllt, bis Flambeau die Gestalt eines einfachen Holzsarges freilegte und diesen ein wenig aus der Erde emporhob.

Als Craven mit seiner Axt vortrat, streifte ihn eine Distel und er schreckte zurück. Dann noch ein fester Schritt und ein Hieb und er riß so kräftig wie zuvor Flambeau, bis der Dekkel nachgab, und alles, was darunter war, im grauen Sternenschimmer vor ihnen lag.

»Knochen«, sagte Craven, und fügte dann hinzu, »aber es ist ein Mensch«, als sei dies etwas Unerwartetes.

»Ist er«, fragte Flambeau mit sonderbar schwankender Stimme, »ist er in Ordnung?«

»Es scheint so«, erwiderte der Beamte rau und beugte sich über das fahle und vermodernde Skelett in der Kiste. »Warten Sie einen Augenblick.«

Ein tiefes Schaudern durchlief Flambeaus riesige Gestalt.

»Und nun, wenn ich darüber nachdenke«, rief er, »warum im Namen des Wahnsinns sollte er denn nicht in Ordnung sein? Was ist es, das einen Menschen überkommt auf diesen verfluchten, kalten Bergen? Ich glaube, es ist das düstere stumpfsinnige Einerlei; all diese Wälder und dazu über allem so ein uraltes unbewußtes Grauen. Es ist wie der Traum eines Atheisten. Kiefern und noch mehr Kiefern und noch Millionen Kiefern mehr–«

»Mein Gott!« rief der Mann am Sarg, »er hat ja keinen Kopf!«

Während die anderen starr dastanden, zeigte der Priester zum ersten Mal Anzeichen von Bestürzung.

»Keinen Kopf!« wiederholte er. »Keinen Kopf?« als hätte er beinahe erwartet, daß irgendetwas anderes fehle.

Törichte Visionen von einem, den Glengyles geborenen, kopflosen Kind, von einem im Schloß sich verbergenden kopflosen Jüngling, von einem kopflosen Mann, der diese altertümlichen Hallen oder diesen prächtigen Garten durchmaß, zogen in ihrem Geist vorüber. Doch selbst in diesem erstarrten Augenblick schlug dieses Märchen keine Wurzeln und schien keinen Sinn zu ergeben. Eingeschüchtert standen und lauschten sie den rauschenden Wäldern und dem heulenden Himmel, so als wären sie erschöpfte Tiere. Klare Gedanken schienen ihnen etwas ganz Ungeheures zu sein, etwas das sich plötzlich ihrem Zugriff entzogen hatte.

»Drei kopflose Männer«, sagte Pater Brown, »stehen um dieses offene Grab herum.«

Der bleiche Londoner Detektiv öffnete den Mund um zu Sprechen und ließ ihn dann wie ein Hinterwäldler offen stehen, während ein langgezogener Schrei des Windes den Himmel zerriß; dann besah er die Axt in seiner Hand, als ob sie nicht ihm gehöre, und ließ sie fallen.

»Pater«, sagte Flambeau mit jener kindlichen, schweren Stimme, die er sehr selten benutzte, »was sollen wir tun?«

Die Antwort seines Freundes kam mit der Schnelligkeit eines Gewehrschusses.

»Schlaf!« rief Pater Brown. »Schlaf. Wir sind am Ende unserer Wege. Wissen Sie, was Schlaf ist? Wissen Sie, daß derjenige, der schläft, an Gott glaubt? Es ist ein Sakrament, denn es ist ein Glaubensakt und Nahrung zugleich. Und wir brauchen ein Sakrament solange es nur ein natürliches ist. Etwas hat uns befallen, was Menschen sehr selten befällt, vielleicht das Schlimmste, was sie befallen kann.«

Cravens offener Mund schloß sich in der Frage: »Was meinen Sie?«

Der Priester hatte sein Gesicht dem Schloß zugewandt, als er antwortete.

»Wir haben die Wahrheit gefunden und die Wahrheit ergibt keinen Sinn.«

Er ging schweren, achtlosen Schrittes, so wie man es von ihm nicht gewohnt war, voran den Pfad hinab, und als sie das Schloß erreichten, überließ er sich dem Schlaf mit der Sorglosigkeit eines Hundes.

Trotz seines mystischen Lobliedes auf den Schlummer war Pater Brown früher als alle anderen, den schweigsamen Gärtner ausgenommen, auf den Beinen und rauchte eine große Pfeife, wobei er jenem Experten bei seiner wortlosen Arbeiten im Gemüsegarten zusah. Gegen Tagesanbruch war der rasende Sturm mit einem rauschenden Regen geendet und der Tag brach mit einer eigenartigen Frische an. Es schien, als hätte der Gärtner gerade mit sich selbst geredet. Als er jedoch die Detektive bemerkte, steckte er mürrisch seinen Spaten in ein Beet und etwas von Frühstück brummend, schritt er langsam die Kohlbeete entlang und schloß sich in der Küche ein.

»Er ist ein nützlicher Bursche« sagte Pater Brown. »Er kümmert sich ganz vorzüglich um die Kartoffeln. Und dennoch«, fügte er unbefangen und nachsichtig hinzu, »hat er seine Fehler; wer von uns hat keine? Er hat dieses Beet nicht regelmäßig umgegraben. Dort zum Beispiel«, und er stampfte plötzlich auf einer Stelle. »Ich bin recht skeptisch, was diese Kartoffel angeht.«

»Und weshalb?« fragte Craven belustigt über das neue Hobby des kleinen Mannes.

»Ich bin skeptisch«, meinte der, »weil der alte Gow selbst auch etwas skeptisch war. Er grub seinen Spaten ganz planmäßig überall hinein, nur hier nicht. Hier muß eine prächtige Kartoffel liegen.«

Flambeau zog den Spaten heraus und trieb ihn ungestüm an der Stelle in den Boden. Unter einem Klumpen Erde kam etwas zum Vorschein, das nicht wie eine Kartoffel aussah, sondern eher einem monströsen überwölbten Pilz glich. Doch als dieser den Spaten berührte, gab er ein kaltes Klicken von sich, rollte wie ein Ball auf die Seite und grinste sie an.

»Der Graf von Glengyle«, sagte Brown traurig und blickte schwermütig auf den Schädel hernieder.

Nach einem kurzen Moment des Nachdenkens nahm er Flambeau den Spaten mit den Worten: »Wir müssen ihn wieder verstecken« ab und vergrub den Schädel in der Erde. Danach lehnte er seinen kleinen Körper mit dem großen Kopf auf den breiten Griff des Spatens, der fest und aufrecht im Boden steckte, und seine Augen waren leer und seine Stirn stark gerunzelt. »Wenn man nur wenigstens«, murmelte er, »die Bedeutung dieser letzten Ungeheuerlichkeit begreifen könnte!« Und auf den breiten Spatengriff gelehnt, legte er sein Gesicht in seine Hände, so, wie man es in der Kirche zu tun pflegt.

Zu allen Seiten erhellte sich der Himmel in Blau und Silber; die Vögel zwitscherten in den kleinen Bäumen des Gartens so laut, daß es schien, als sprächen die Bäume selbst. Nur die drei Männer schwiegen.

»Na, ich gebe endgültig auf«, sagte Flambeau schließlich verärgert. »Mein Gehirn und diese Welt vertragen sich nicht miteinander, Schluß damit! Schnupftabak, zerschnittene Gebetsbücher, die Eingeweide von Spieldosen – was –«

Brown erhob seine besorgte Stirn und klopfte mit einer ihm ungewohnten Ungeduld auf den Spatengriff. »Oh, pfui, pfui, weg damit!« rief er. »Das ist doch alles sonnenklar. Der Schnupftabak und das Uhrwerk usw. ergaben für mich einen Sinn, als ich heute früh die Augen aufschlug. Und seitdem habe ich den alten Gow, den Gärtner, durchschaut, der weder so taub noch so blöd ist, wie er tut. Es hat gar nichts Unsinniges mit all diesem losen Kram auf sich. Auch in Bezug auf das zerschnittene Gebetsbuch habe ich mich geirrt, daran ist auch nichts Unrechtes. Aber bezüglich dieser letzten Geschichte … Gräber zu entweihen und toter Leute Schädel zu stehlen – ist das nicht unrecht? Darin steckt doch bestimmt schwarze Magie? Das reimt sich nicht mit der eigentlich ganz simplen Geschichte vom Schnupftabak und den Kerzen.« Und wieder auf und ab schreitend, rauchte er launisch seine Pfeife.

»Mein Freund«, sagte Flambeau mit grimmigem Humor. »Sie müssen vorsichtig bei mir sein und bedenken, daß ich einst ein Verbrecher war. Der große Vorteil dieser Tatsache bestand darin, daß ich mir stets selbst meinen Plan zurechtlegte und ihn dann so schnell, wie es mir paßte, ausführte. Diese Warterei, wie sie zum Beruf des Detektivs gehört, ist allerdings zuviel für meine französische Ungeduld. Mein ganzes Leben habe ich, im Guten wie im Bösen, alles sofort und ohne Aufschub getan. Duelle focht ich stets am nächsten Morgen aus, Rechnungen bezahlte ich stets auf der Stelle, niemals hab ich auch nur einen Besuch beim Zahnarzt verschoben –«

Pater Browns fiel die Pfeife aus dem Mund und zerbrach auf dem Kiespfad in drei Stücke. Mit den Augen rollend stand er da und sah aus wie ein Idiot. »Gott, was für ein Dummkopf ich bin! Gott, was für ein Dummkopf«, wiederholte er. Dann verfiel er wie ein Betrunkener in schallendes Gelächter.

»Der Zahnarzt!« wiederholte er. »Sechs Stunden in geistigen Abgründen, und das alles, weil ich nicht an den Zahnarzt gedacht habe! Solch ein einfacher, solch ein schöner und friedvoller Gedanke! Freunde, wir haben eine Nacht in der Hölle verbracht; jetzt aber ist die Sonne aufgegangen, die Vögel singen und die strahlende Gestalt des Zahnarztes erfüllt die Welt mit Trost.«

»Ich werde diese Sache begreifen«, schrie Flambeau, einige Schritte vorwärts machend, »und wenn ich von den Foltern der Inquisition Gebrauch machen muß.«

Pater Brown mußte sich zwingen, um nicht auf dem sonnenbeschienenen Rasen zu tanzen, und flehte kläglich: »Oh, lassen Sie mich doch ein bißchen albern sein! Sie wissen nicht, wie unglücklich ich gewesen bin. Und jetzt weiß ich, daß es in dieser ganzen Geschichte überhaupt keine schwere Sünde gibt; vielleicht ein wenig Irrsinn – aber wen stört das?«

Er wandte sich abermals um und schaute die anderen ernst an.

»Dies ist nicht die Geschichte eines Verbrechens«, sagte er, »es ist vielmehr die einer seltsamen und fehlgeleiteten Ehrlichkeit. Wir haben es vielleicht mit dem einzigen Mann auf Erden zu tun, der sich nicht mehr als das nahm, was ihm zustand. Es ist ein Lehrstück der rohen, lebendigen Logik, welche die Religion dieses Menschenschlags gewesen ist. Jener alte Reim auf das Haus Glengyle ›Was der grüne Saft den Bäumen, ist den Ogilvies das rote Gold.‹ galt sowohl buchstäblich, wie auch im übertragenen Sinne. Er bedeutete nicht nur, daß die Glengyles nach Reichtum strebten, es bedeutete auch, daß sie buchstäblich Gold anhäuften; sie besaßen eine gewaltige Sammlung aus Zierrat und Gerätschaften aus diesem Metall. Sie waren in der Tat Geizhälse, deren Manie sich dergestalt äußerte.

Denken Sie Mal im Licht dieser Tatsache an alles, was wir im Schloß gefunden haben. Diamanten ohne die dazugehörigen Goldringe, Kerzen ohne ihre goldenen Leuchter, Schnupftabak ohne die goldenen Tabakdosen, einen Spazierstock ohne seinen goldenen Knopf, Bleistifte ohne die goldenen Halter, Uhrwerke ohne die goldenen Gehäuse. Und so verrückt es klingen mag, da die Heiligenscheine und der Name Gottes in den alten Messbüchern aus echtem Gold waren, sind auch sie entfernt worden.«

Der Garten schien sich aufzuhellen, das Gras wuchs munterer unter der aufsteigenden Sonne, als die verrückte Wahrheit zu Tage trat. Flambeau zündete sich eine Zigarette an, während sein Freund fortfuhr.

»– entfernt worden«, knüpfte Pater Brown an. »entfernt worden, aber nicht gestohlen! Diebe hätten niemals dieses Geheimnis hinterlassen. Diebe hätten die goldenen Tabaksdosen mitsamt dem Schnupftabak mitgenommen, die goldenen Bleistifthalter, mitsamt dem Blei, wir haben es hier mit einem Mann zu tun, der über ein ganz eigenartiges Gewissen verfügt, aber nichtsdestotrotz über ein Gewissen. Ich traf diesen verrückten Moralisten heute früh im Gemüsegarten und vernahm dort die ganze Geschichte.

Der verstorbene Archibald Ogilvie war das Mitglied aus dem Hause Glengyle, das der Vorstellung eines guten Menschen noch am nächsten kam. Aber seine bittere Tugend machte ihn zum Menschenfeind; er beklagte die Unehrlichkeit seiner Vorfahren, aus der er, weiß Gott wie, auf eine allgemeine Unehrlichkeit des Menschengeschlechtes schloß. Ganz besonderes Mißtrauen hegte er gegen Menschenfreundlichkeit oder Freigebigkeit, und er schwor, daß, wenn er nur einen Mann träfe, der nur auf seinem genauen Recht bestehe, er ihm all das Gold von Glengyle überlasse. Nachdem er der Menschheit diese Aufgabe gestellt hatte, schloß er sich ein, ohne die geringste Erwartung, darauf je eine Antwort zu erhalten. Eines Tages jedoch brachte ihm ein tauber und anscheinend aus dem Gleichgewicht geratener Kerl aus einem entfernten Dorf ein verspätetes Telegramm. Glengyle gab ihm dafür in galliger Herablassung einen neuen Viertelpenny. Das heißt, er glaubte, ihm einen gegeben zu haben; als er jedoch sein Geld besah, fand er, daß das Viertelpennystück noch da war, dafür aber ein ganzes Pfund fehlte. Der Vorfall eröffnete ihm ein ganzes Panorama hämischer Spekulationen. Auf jeden Fall würde der Kerl die schmierige Gier seiner Art offenbaren. Entweder würde er sich als Dieb, der eine Münze gestohlen hat, aus dem Staub machen, oder er würde hübsch brav zurückkehren und als Wichtigtuer seine Belohnung einfordern. Mitten in der Nacht wurde Lord Glengyle aus dem Bett geklopft – denn er lebte allein – und war genötigt, dem tauben Idioten die Türe zu öffnen. Der Idiot überbrachte ihm – nicht das Pfundstück, sondern genau neunzehn Schillinge und elfdreiviertel Pence, das genaue Wechselgeld.

Die unerhörte Genauigkeit dieser Handlungsweise wirkte wie ein Feuer auf das Hirn des verrückten Grafen. Er schwor, er sei Diogenes, der lange nach einem ehrlichen Menschen gesucht und ihn endlich gefunden habe. Er machte ein neues Testament, welches ich eingesehen habe. Er nahm den worttreuen Burschen in sein mächtiges, vernachlässigtes Haus und zog ihn zu seinem Diener heran und – nach Art der Sonderlinge – auch zu seinem Erben. Und wie wenig auch immer dieses eigentümliche Geschöpf begreifen mochte, die beiden fixen Ideen seines Herrn begriff es vollständig. Erstens, daß der Buchstabe des Rechtes über allem steht, und zweitens, daß ihm selbst alles Gold von Glengyle gehören wird. Damit hat sich die Sache, und ist somit ganz einfach. Er hat das Haus von allem Gold entblößt und nicht ein Stückchen genommen, das nicht aus Gold war, auch nicht einmal ein Körnchen Schnupftabak. Er hob die Goldblättchen aus den alten Handmalereien, zufrieden, den Rest unberührt gelassen zu haben. Das alles begriff ich, aber die Geschichte mit dem Schädel konnte ich nicht begreifen. Mir war wirklich unwohl bei diesem unter Kartoffeln begrabenen menschlichen Schädel. Es hat mich gequält – bis Flambeau diese Wort sprach.«

»Es wird wieder alles in Ordnung kommen. Er wird den Schädel in das Grab zurückbringen, sobald er das Gold aus dem Zahn genommen hat.«

Und tatsächlich, als Flambeau an jenem Morgen über den Hügel wanderte, sah er dieses seltsame Wesen, diesen gerechten Geizhals an dem entweihten Grab arbeiten, das schottische Plaid im Bergwind flatternd und auf dem Kopf den bescheidenen Zylinder.

Die Sternschnuppen

»Das schönste Verbrechen, das ich je beging«, pflegte Flambeau in seinen überaus moralischen alten Tagen zu erzählen, »war aufgrund eines ganz ungewöhnlichen Zufalls auch mein letztes. Es wurde an Weihnachten begangen. Als Künstler war ich von jeher bemüht, Verbrechen zu begehen, die der jeweiligen Jahreszeit oder Landschaft, in der ich mich befand, angemessen waren, wobei ich diese oder jene Terrasse oder Garten für das Unglück auswählte, wie man das auch für eine Statue tut. Junker sollten in langen, eichengetäfelten Räumen betrogen werden, andererseits sollten Juden sich unerwarteterweise völlig mittellos unter der Beleuchtung oder den Wandschirmen des Café Riche wiederfinden. Wenn ich z. B. in England einen Dekan von seinen Reichtümern befreien wollte (was nicht so leicht ist, wie Sie vielleicht annehmen), war ich bestrebt, ihn – wenn ich mich klar ausdrücke – in die grünen Wiesen und grauen Türme irgendeines alten Bischofssitzes einzurahmen. Ähnlich freute ich mich, wenn ich in Frankreich einen reichen und leichtsinnigen Bauern um sein Geld gebracht hatte (was nahezu unmöglich ist), und daß sich sein entrüstetes Haupt von der grauen Linie der beschnittenen Pappeln und jenen ehrwürdigen Ebenen Galliens abhob, über denen der mächtige Geist Millets ruht.

Nun also, mein letztes Verbrechen war ein Weihnachtsverbrechen, ein lustiges, gemütliches, englisches Mittelstandsverbrechen, ein Charles Dickens-Verbrechen. Ich beging es in einem guten, alten, bürgerlichen Haus in der Nähe von Putney, einem Haus mit einer halbrunden Auffahrt, einem Haus mit einem Stall daneben, einem Haus mit dem Namen außen auf den zwei äußeren Toren, einem Haus mit einer Araukarie, genug, Sie kennen diese Art von Haus. Ich glaube wirklich, meine Nachahmung von Dickens' Stil war geschickt und durchaus literarisch. Es ist schon beinahe schade, daß ich meine Tat noch am selben Abend bereute.«

Flambeau erzählte uns dann die Geschichte aus der Innenperspektive, aber selbst so war sie eigenartig. Von außen betrachtet war sie vollkommen unverständlich, und von außen her muß sie der Fremde studieren. Von diesem Standpunkt aus könnte man sagen, daß das Drama begann, als die Fronttore des Hauses mit dem Stall sich nach dem Garten in dem die Araukarie stand öffneten und ein junges Mädchen mit Brot herauskam, um am Nachmittag des zweiten Weihnachtsfeiertags die Vögel zu füttern. Sie hatte ein hübsches Gesicht mit unerschrockenen braunen Augen, aber ihre Gestalt ließ sich beim besten Willen nicht erahnen, denn sie war so sehr in braunen Pelz gehüllt, daß es schwer zu sagen war, wo das Haar anfing und der Pelz aufhörte. Wäre ihr anziehendes Gesicht nicht gewesen, so hätte man sie für einen kleinen wankenden Bären halten können.

Der Winternachmittag rötete sich dem Abend entgegen und ein beinahe rubinrotes Licht lag über die blütenlosen Beete gebreitet, sie gleichsam mit den Geistern toter Rosen füllend. Auf der einen Seite des Hauses stand der Stall, auf der anderen führte eine Allee oder ein Kreuzgang aus Lorbeer zu dem größeren Garten dahinter. Die junge Frau schlich, nachdem sie Brot für die Vögel verstreut hatte (zum vierten oder fünften Mal an diesem Tag, da der Hund es immer wieder wegfraß), unauffällig den Lorbeerpfad hinunter, in eine dahinter liegende, schimmernde Plantage aus Immergrün. Hier stieß sie einen Schrei wirklicher oder inszenierter Überraschung aus, und zu der hohen Gartenmauer emporblickend sah sie eine etwas phantastische Gestalt rittlings sitzen.

»Oh, nicht springen, Mr. Crook«, rief sie ein wenig erschrocken aus, »es ist viel zu hoch.«

Das Individuum, das auf der Gartenmauer wie auf einem Pegasus ritt, war ein starker, kantiger, junger Mann mit schwarzem Haar, das wie bei einer Haarbürste aufrechtstand, mit intelligenten und sehr feinen Zügen, jedoch mit blassem und beinahe fremdländischem Teint. Es trat um so deutlicher hervor, weil er ein grelles rotes Halstuch trug, der einzige Teil seiner Kleidung, auf den er anscheinend irgendwelchen Wert legte. Vielleicht war das ein Erkennungszeichen. Die alarmierte Beschwörung des Mädchens nicht beachtend, sprang er wie ein Grashüpfer neben ihr auf den Boden, wobei er auch leicht seine Beine hätte brechen können.

»Ich denke, ich hätte Einbrecher werden sollen«, begann er ruhig, »und zweifellos wäre ich einer geworden, wenn ich nicht zufällig in diesem hübschen Haus nebenan geboren worden wäre. Es ist doch nichts Schlimmes dabei?«

»Wie können Sie nur so etwas sagen!« protestierte sie.

»Nun«, antwortete der junge Mann, »wenn man auf der falschen Seite der Mauer geboren wurde, sehe ich nicht ein, daß es schlimm sein soll, darüber zu klettern!«

»Bei Ihnen weiß man nie, was Sie im nächsten Augenblikke sagen oder tun.«

»Das weiß ich oft selbst nicht«, gab Mr. Crook zurück, »übrigens bin ich auch jetzt auf der rechten Seite der Mauer.«

»Und welches ist die richtige Seite der Mauer?« fragte die junge Frau lächelnd.

»Dort, wo Sie sind«, antwortete junge Mann namens Crook.

Während sie zusammen zwischen dem Lorbeer zum vorderen Garten schritten, ertönte dreimal hintereinander, immer näherkommend, eine Autohupe und ein fantastisch schneller, sehr eleganter und blaßgrüner Wagen schwang sich wie ein Vogel vor das Haustor und blieb brummend stehen.

»Aber Hallo, aber hallo!« sagte der junge Mann mit dem roten Halstuch, »das ist jemand, der jedenfalls auf der richtigen Seite geboren wurde. Ich wußte gar nicht, Fräulein Adams, daß Euer Weihnachtsmann so modern ist.«

»Oh, das ist mein Patenonkel, Sir Leopold Fischer. Er kommt immer zum Stephanstag.« Dann, nach einer unschuldigen, kleinen Pause, welche unbewußt ein bisschen Mangel an Begeisterung verriet, fügte Ruby Adams hinzu: »Er ist sehr nett.«

John Crook, ein Journalist, hatte schon von dem berühmten Großstadtmagnaten gehört und es war nicht sein Fehler, wenn der Großstadtmagnat noch nicht von ihm gehört hatte, denn in gewissen Artikeln im »Clarion« oder der »Neuen Zeit« wurde Sir Leopold Fischer sehr kritisch behandelt. Doch er sagte nichts, sondern beobachtete nur finster das Ausräumen des Wagens, was anscheinend ein ziemlich langwieriger Vorgang war. Ein großer, gepflegter Chauffeur in Grün stieg vorne aus und ein kleiner, gepflegter, in grau gekleideter Diener stieg hinten aus und zwischen sich stellten sie Sir Leopold auf der Türschwelle ab und begannen, ihn auszupacken wie ein besonders vorsichtig zu hütendes Paket. Genug Decken, um einen Basar damit zu füllen, Pelze von allen Tieren des Waldes und Schals in allen Farben des Regenbogen wurden einer nach dem anderen abgelegt, bis sie etwas enthüllten, was einer menschlichen Gestalt ähnelte, nämlich die eines freundlichen, aber fremdländisch aussehenden alten Herrn mit grauem Ziegenbart und strahlenden Lächeln, der seine großen Pelzhandschuhe aneinander rieb.

Lange bevor diese Enthüllung komplett war, hatten sich die beiden großen Türen zur Veranda in der Mitte geöffnet und Oberst Adams, der Vater der pelzigen jungen Dame, war höchstpersönlich herausgekommen, um seinen berühmten Gast herein zu bitten. Er war ein hochgewachsener, sonnengebräunter und sehr schweigsamer Mann, der eine rote fezartige Raucherkappe trug, was ihm das Aussehen der englischen Sirdars oder der Paschas in Ägypten verlieh. Bei ihm befand sich sein vor kurzem aus Kanada zurückgekehrter Schwager, ein starker und ziemlich ungestümer, junger Gutsbesitzer mit einem gelben Bart, ein gewisser Jakob Blount. Dazu gesellte sich noch die bedeutungslosere Gestalt des Priesters der benachbarten römisch-katholischen Kirche, denn die verstorbene Frau des Obersts war Katholikin gewesen, und die Kinder waren, wie das in solchen Fällen üblich ist, in ihrem Sinne erzogen. Alles an dem Priester bis hin zu seinem Namen ›Brown‹ schien gewöhnlich; dennoch hatte ihn der Oberst immer als angenehme Gesellschaft empfunden und lud ihn häufig zu derlei Familientreffen ein.

In der großen Eingangshalle des Hauses gab es mehr als genug Raum, selbst für Sir Leopold und das Ablegen seiner Hüllen. Die Eingangshalle und Diele waren im Verhältnis zum Hause übermäßig groß und bildeten gewissermaßen einen einzigen großen Raum mit der Eingangstür an dem einen und dem Treppenaufgang an dem anderen Ende. Gegenüber dem großen Kaminfeuer, über dem der Säbel des Obersts hing, wurde der ganze Vorgang zu seinem Abschluss gebracht und die Gesellschaft, einschließlich des finsteren Crook, Sir Leopold Fischer vorgestellt. Dieser ehrenwerte Bankier schien jedoch immer noch mit einzelnen Teilen seiner gutgeschnittenen Tracht zu kämpfen und brachte endlich aus dem tiefsten Inneren seines Gehrocks ein schwarzes, ovales Kästchen zum Vorschein, von dem er mit strahlenden Augen erklärte, es sei sein Weihnachtsgeschenk für sein Patenkind.

Mit ungekünstelter Prahlerei, die etwas Entwaffnendes an sich hatte, hielt er ihnen allen das Kästchen hin, klappte es auf und sein Inhalt blendete alle, wie wenn ihnen eine Kristallfontäne in die Augen gesprungen wäre. In einem Nest aus orangefarbenem Samt lagen wie drei Eier drei weiße und funkelnde Diamanten, welche die Luft ringsum in Brand zu setzen schienen. Fischer stand wohlwollend da und saugte das Erstaunen und Entzücken des Mädchens, die starre Bewunderung und die klobigen Dankäußerungen des Obersts, sowie das Staunen der ganzen Gruppe ein.

»Ich werde sie jetzt wieder einstecken, meine Liebe«, sagte Fischer, indem er das Kästchen zurück in seinen Rockschoß steckte. »Ich mußte gut darauf aufpassen, als ich hierher fuhr. Es sind die drei großen afrikanischen Diamanten, ›Sternschnuppen‹ genannt, so oft wurden sie schon gestohlen. Alle großen Kriminellen sind hinter ihnen her, aber selbst die einfachen Männer auf der Straße und in den Hotels hatten kaum ihre Finger davon lassen können. Es hätte doch sein können, daß sie unterwegs abhanden kommen.«

»Verständlicherweise, muß ich sagen.« brummte der Mann mit dem roten Tuch. »Ich würde sie nicht verurteilen, wenn man sie gestohlen hätte. Wenn sie nach Brot verlangen und Sie ihnen nicht einmal einen Stein geben, dann denke ich, dürfte man sich den Stein wohl nehmen.«

»Ich will Sie nicht so reden hören!« schrie das Mädchen in merkwürdigem Erglühen. »Sie haben erst angefangen, so zu reden, seit Sie so ein entsetzlicher – ich weiß nicht was geworden sind. Sie wissen schon, was ich meine, wie heißt nochmal ein Mann, der den Kaminkehrer umarmen will?«

»Ein Heiliger«, antwortete Pater Brown.

»Ich glaube«, warf Sir Leopold ein, indem er hochmütig lächelte, »Ruby meint einen Sozialisten.«

»Einen Radikaler ist kein Mann, der von Radieschen lebt«, bemerkte Crook mit einiger Ungeduld, »und ein Konservativer ist niemand, der Konserven macht. Ebensowenig, und das versichere ich Ihnen, ist ein Sozialist ein Mensch, der sich um die Gesellschaft des Kaminkehrers bemüht. Unter einem Sozialisten versteht man einen Mann, der fordert, daß alle Kamine gekehrt und alle Kaminkehrer dafür bezahlt werden.«

»– der Ihnen aber nicht erlauben will«, fügte der Priester leise hinzu, »Ihren eigenen Ruß zu besitzen.«

Crook sah ihn interessiert und sogar mit einem gewissen Respekt an. »Will denn jemand Ruß besitzen?« fragte er.

»Es könnte doch sein.« spekulierte Brown. »Ich habe gehört, Gärtner benutzen ihn. Und einmal machte ich an Weihnachten sechs Kinder glücklich, als ich Ruß auftrug, weil der Zauberer nicht erschien.«

»Oh, großartig«, klatschte Ruby, »oh, ich wünschte, Sie würden das hier auch machen.«

Der lautstarke Kanadier erhob zustimmend seine Stimme, und auch der erstaunte Bankier ließ die seine hören, allerdings in abwertender Weise, als an den vorderen Doppeltüren ein Klopfen ertönte. Der Priester öffnete sie, und sie gaben wieder den Blick frei auf den vorderen Garten mit seinem Immergrün, seiner Araukarie usw., jetzt in Dunkel getaucht gegen einen sagenhaften violetten Sonnenuntergang. Die derart eingerahmte Szene war so farbgesättigt und phantastisch, wie die Kulisse eines Theaterstücks, so daß sie für einen Augenblick die unscheinbare Gestalt in der Tür vergaßen. Sie sah ein wenig staubig aus, steckte in einem verschlissenen Mantel und war augenscheinlich ein ganz gewöhnlicher Bote.

»Ist jemand von den Herrschaften Mr. Blount?« fragte dieser, und hielt Ihnen zögerlich einen Brief entgegen.

Mr. Blount trat vor und nahm den Brief lautstark entgegen. Es riß den Briefumschlag auf und las offensichtlich erstaunt; sein Gesicht verfinsterte sich ein wenig, um sich sofort wieder aufzuheitern, dann wandte er sich an seinen Schwager und Gastgeber.

»Es tut mir leid, daß ich so eine Nervensäge bin, Oberst«, entschuldigte er sich mit heiterer, kolonialer Höflichkeit, »aber würde es dir Umstände machen, wenn mich heute Abend ein alter Bekannter geschäftlich hier besuchen würde? Es handelt sich um Florian, der berühmte französische Akrobat und Komiker; ich lernte ihn vor vielen Jahren drüben im Westen kennen (er ist ein geborener Franco-Kanadier) und scheint ein Geschäft für mich zu haben, obwohl ich mir nicht denken kann, was es für eins sein kann.«

»Natürlich, natürlich«, antwortete der Oberst leichthin. »Mein lieber Junge, jeder Deiner Freunde ist willkommen. Ohne Zweifel wird er eine Bereicherung für uns sein.«

»Oh, er wird uns etwas zum Besten geben, wenn du das meinst;« rief Blount lachend »ich zweifle nicht daran, daß niemand *ohne* ein blaues Augen davonkommen wird. Kümmert mich aber nicht. Ich bin nicht kultiviert. Ich mag diese lustigen alten Weihnachtstücke, in denen sich ein Mann auf seinen Zylinder setzt.«

»Bitte, nicht auf meinen«, bemerkte Sir Leopold Fischer würdevoll.

»Gut, gut«, sagte Crook leichthin, »streiten wir nicht. Es gibt flachere Witze als sich auf einen Zylinder zu setzen.«

Mißfallen über den rotbetuchten Burschen, seinen räuberischen Ansichten und der offenkundigen Innigkeit seinem Patenkind gegenüber verleiteten Fischer, in seiner sarkastischsten, belehrendsten Art zu erwidern:

»Ohne Zweifel haben Sie etwas gefunden, was noch weit niedriger ist, als sich auf einen Zylinder zu setzen, was sollte das bitteschön sein?«

»Wenn man den Zylinder auf sich sitzen läßt, zum Beispiel«, gab der Sozialist zurück.

»Es reicht nun, es reicht«, rief der kanadische Gutsbesitzer mit seiner barbarischen Gutmütigkeit dazwischen, »verderben wir keinen lustigen Abend. Ich bin der Meinung, wir sollten heute Abend etwas geselliges machen. Nicht Gesichter schwärzen oder auf Hüten sitzen, wenn Ihnen das nicht gefällt, aber doch etwas ähnliches, weshalb führen wir nicht eine anständige, alte englische Harlequinade auf – Clown, Kolumbine usw.? Ich sah eine, als ich mit zwölf Jahren England verließ, und dies lodert in meinem Gehirn seitdem wie ein Leuchtfeuer. Erst voriges Jahr bin ich ins Mutterland zurückgekehrt und stellte fest, daß der Brauch ausgestorben ist. Es gibt heute nur noch jede Menge schnulzige Märchenspiele. Ich will einen Schürhaken und einen Polizisten, der zu Hackfleisch verarbeitet wird, und alles, was ich bekomme, sind im Mondlicht moralisierende Prinzessinnen, ›blaue Vögel‹ und dergleichen. Für Blaubart hätte ich noch Verständnis, und er gefiel mir am besten, als er sich in einen Pantalon verwandelte.«

»Ich bin vollkommen dafür, Hackfleisch aus einem Polizisten zu machen«, pflichtete John Crook bei. »Das ist immer noch eine bessere Definition des Sozialismus, als andere kürzlich vorgebrachte. Aber die Ausführung ist eine zu große Sache.«

»Nicht die Spur!« schrie Blount ganz hingerissen. »Ein englisches Stück mit Harlekin, Clown, Pantalon und Kolumbine läßt sich aus zwei Gründen am allerleichtesten aufführen. Erstens kann man Witze reißen, soviel man will, und zweitens sind alle Requisiten Haushaltsgegenstände – Tische und Handtuchständer und Wäschekörbe und solche Sachen.«

»Stimmt«, gab Crook eifrig nickend zu, indem er auf und nieder ging. »Aber ich fürchte, ich kann keine Polizeiuniform auftreiben. Ich habe seit einiger Zeit keinen Polizist mehr umgebracht.«

Blount runzelte eine Weile nachdenklich die Stirn und schlug sich dann auf die Schenkel. »Ja, das sollte funktionieren!« rief er. »Ich habe Florians Adresse und er kennt jeden Kostümverleiher in London. Ich werde ihn anrufen, er soll eine Polizeiuniform mitbringen.« Und machte große Schritte ans Telefon.

»Oh, das ist wunderbar, Patenonkel«, jubelte Ruby fast tanzend. »Ich spiele die Kolumbine und du wirst Pantalon sein.«

Der Millionär tat steif und mit einer Art heidnischen Festlichkeit.

»Ich glaube«, bemerkte er, »du mußt dich nach einem anderen Pantalon für dein Stück umsehen.«

»Ich spiele ihn, wenn du willst«, warf Oberst Adams ein, indem er die Zigarre aus dem Mund nahm und zum ersten und letzten Mal sprach.

»Du verdienst ein Denkmal«, rief der Kanadier, als er strahlend vom Telefon zurückkam. »Wir haben alles beisammen. Mr. Crook macht den Clown, er ist Journalist und weiß daher alle abgedroschenen Witze. Ich kann Harlekin sein, dazu braucht man nur lange Beine und muß herumhopsen können. Mein Freund Florian sprach am Telefon, daß er die Polizeiuniform bringt und sich schon unterwegs umzieht. Wir können gleich in dieser Halle spielen, die Zuschauer sitzen auf den breiten Stufen dort hinten, eine Reihe über der anderen. Diese Vordertüren dienen als Hintergrund, offen oder geschlossen. Geschlossen sieht man das Innere eines englischen Hauses, offen einen Garten im Mondschein. Es geht alles wie durch Zauberhand.« Wie es der Zufall will, zog er ein Stück Billardkreide aus der Tasche, lief durch den Raum und zeichnete zwischen Eingangstür und Treppe die Linie für die Rampenlichterr auf den Boden.

Wie so ein improvisiertes Unsinnsfest in so kurzer Zeit zustandekommen konnte, bleibt nach wie vor ein Rätsel. Aber man machte sich mit jenem Gemisch von Leichtfertigkeit und Fleiß an die Arbeit, das immer aufblüht, wenn Jugend am Werk ist, und Jugend war an jenem Abende in diesem Haus am Werk, wenn auch nicht alle die beiden Gesichter und die beiden Herzen ausmachen konnten, aus denen sie gespeist wurde. Wie es immer dabei zu geschehen pflegt, entwuchsen den bourgeoisen Sitten, aus denen man schöpfen mußte, immer wildere Erfindungen. Die Kolumbine sah bezaubernd aus in ihrem abstehenden Rock, der sehr verdächtig dem großen Lampenschirm aus dem Salon ähnlich sah. Der Clown und Pantalon puderten sich mit Mehl vom Koch und die rote Schminke lieferte ein anders Mitglied des Hauses, das (wie alle echten christlichen Wohltäter) anonym blieb. Der Harlekin, bereits in Silberpapier aus alten Zigarrenkisten gewandet konnte nur mit Mühe davon abgehalten werden, den alten viktorianischen Kronleuchter zu plündern, um sich mit glänzenden Klunkern zu schmücken. Er hätte das auch tatsächlich getan, hätte nicht Ruby irgendwo ein paar vergessene künstliche Klunker ausgegraben, die sie mal auf einem Maskenball als Königin der Diamanten getragen hatte. Und in der Tat, ihr Onkel James Blount verlor vor Begeisterung beinahe den Verstand; er war wie ein Schuljunge. Er setzte Pater Brown unversehens einen Eselshut aus Papier auf, was dieser auch geduldig ertrug, und dabei sogar noch herausfand, wie er mit den Ohren wackeln konnte; er versuchte sogar, Sir Leopold Fischer einen Eselsschwanz aus Papier anzuheften, was jedoch stirnrunzelnd abgelehnt wurde.

»Onkel ist zu albern«, rief Ruby Crook zu, um dessen Schultern sie allen Ernstes eine Wurstkette gelegt hatte. »Warum ist er nur so wild?«

»Der richtige Harlekin zu Ihrer Kolumbine«, gab Crook zurück. »Ich bin nur der Clown, der die alten Späße macht.«

»Ich wünschte, Du wärst der Harlekin«, sagte sie, und ließ die Wurstkette schwingend zurück.

Obwohl Pater Brown jede Einzelheit, die hinter den Kulissen vorbereitet wurde, mit angesehen und für die Umwandlung eines Kissens zu einem Theaterbaby sogar Beifall geerntet hatte, begab er sich doch nach Vorne und setzte sich zum anderen Publikum; er war ganz erfüllt von der feierlichen Erwartung eines Kindes, das zum ersten Mal im Theater ist. Zuschauer gab es wenige: Bekannte, ein paar Freunde aus dem Ort und die Dienerschaft. Sir Leopold saß in der ersten Reihe, und seine volle und immer noch in Pelz gewandete Gestalt verdeckt dem kleinen Geistlichen hinter ihm fast den ganzen Ausblick; Es ist allerdings noch von keiner Autorität der Kunstwelt festgestellt worden, ob er dadurch viel verpasst hat.

Das Stück war überaus chaotisch, jedoch nicht zu verachten. Es war geprägt von einem Rausch der Improvisation, der hauptsächlich von Crook, dem Clown ausging. Er war schon für gewöhnlich ein aufgeweckter Mann und heute Abend war er von einer so wilden Allwissenheit besessen, einer die Welt an Weisheit überbietenden Narrheit, wie sie einen jungen

Mann überkommt, der für einen Augenblick einen bestimmten Ausdruck auf einem bestimmten Gesicht gesehen hat. Er sollte den Clown spielen, aber in Wirklichkeit war er beinahe alles andere, nämlich der Autor (so weit von einem solchen die Rede sein kann), der Souffleur, der Bühnenmaler und -arbeiter und vor allem das Orchester. In abrupter Regelmäßigkeit schwang er sich während der zügellosen Vorstellung in voller Verkleidung ans Klavier und klimperte irgendein populäres Musikstück, gleichermaßen absurd und angemessen.

Der Höhepunkt des ganzen Abends war der Moment, als die Flügeltüren im Hintergrund aufflogen und den Blick freigaben auf den lieblich vom Mond beschienenen Garten, deutlicher aber noch auf den berühmten professionellen Gast, den großen Florian, verkleidet als Polizisten. Der Clown am Klavier spielte den Polizeichor aus den »Piraten von Penzance«, doch wurde er übertönt vom ohrenbetäubenden Beifall, denn jede Bewegung des großen Komödianten war eine bewundernswerte, jedoch maßvolle Darstellung des Auftretens und Benehmens eines wirklichen Polizisten. Der Harlekin sprang auf ihn zu und schlug ihm auf den Helm, während der Mann am Klavier »Wo haben Sie diesen Hut her …« spielte und der Getroffene in wunderbar gespieltem Erstaunen um sich blickte; dann versetzte ihm der Harlekin noch einen Schlag, wobei der Pianist mit ein paar Takten von »Aber nur, aber nur noch einmal …« nachhalf. Dann fiel der Harlekin dem Polizisten richtig in die Arme und warf ihn unter tosendem Beifall um. Nun spielte der außergewöhnliche Schauspieler jene berühmte Darstellung eines toten Mannes, von der man sich in Putney noch heute erzählt. Es schien beinahe unglaublich, daß ein lebender Mensch wirklich so schlaff sein konnte.

Der athletische Harlekin warf ihn wie einen Mehlsack hin und her und schwang ihn wie eine Turnkeule, während gleichzeitig die verrücktesten und aberwitzigsten Melodien vom Klavier her schallten. Als der Harlekin den Komiker-Polizisten keuchend vom Boden aufhob, spielte der Clown »Ich erwache aus Träumen von Dir« und als er ihn über seinen Rücken schob »Mit meinem Bündel auf der Schulter«. Als der Harlekin endlich den Polizisten mit einem überaus überzeugenden Plumps niederfallen ließ, ging der Irre am Instrument in ein klimperndes Tempo über mit den Worten, von denen man immer noch glaubt, daß sie »Ich schrieb meiner Liebsten einen Brief, doch warf ihn später weg« lauteten.

Auf diesem Höhepunkt geistiger Anarchie, wurde Pater Browns Sicht fast gänzlich verdeckt, denn der Großstadtmagnat vor ihm erhob sich zu voller Höhe und fuhr mit seinen Händen in alle seine Taschen; dann, noch immer kramend, setzte er sich wieder, um sofort wieder aufzustehen. Einen Augenblick schien es, als wolle er allen Ernstes über die Fußlichter hinwegsteigen, dann heftete er einen durchdringenden Blick auf den klavierspielenden Clown und stürmte plötzlich ohne ein Wort aus dem Saal. Der Priester hatte noch ein paar Minuten länger den absurden, aber nicht uneleganten Tanz des Amateur-Harlekins um seinen hervorragend bewußtlosen Gegner beobachtet. Mit echtem, wenn auch derbem Geschick tanzte der Harlekin langsam rückwärts zur Türe hinaus in das Mondlicht und die Stille des Gartens. Das improvisierte Kostüm aus Silberpapier, das im Schein der Lampen zu sehr geblendet hatte, sah immer magischer und silberiger aus, als er durch den matten Schimmer des Mondes forttanzte. Die Zuschauer verfielen in einen Beifallssturm, als Brown sich unvermittelt am Arm berührt fühlte und flüsternd gebeten wurde, in das Arbeitszimmer des Obersts zu kommen.

Er folgte seinem Boten mit wachsendem Zweifel, die auch nicht von einer pathetischen Komik der Szene im Arbeitszimmer zerstreut wurden. Da saß Oberst Adams, noch immer in seiner vollständigen Verkleidung als Pantalon mit dem Knopf, der am Fischbein über seiner Stirn tanzte. Doch seine armen, alten Augen waren traurig genug, um ein Gelage auszunüchtern. Sir Leopold Fischer lehnte beklommen am Kaminsims und schwankte unter dem ganzen Gewicht der Panik.

»Es ist eine schmerzliche Sache, Pater Brown«, begann Adams. »Tatsächlich scheinen jene Diamanten, die wir alle heute nachmittags gesehen haben, aus dem Rockschoß meines Freundes verschwunden zu sein. Und da Sie –«

»– da ich«, ergänzte Pater Brown mit breitem Grinsen, »genau hinter ihm gesessen habe –«

»Nichts dergleichen soll angenommen werden«, fiel Oberst Adams mit einem festen Blick auf Fischer ein, der sehr wohl bestätigte, daß dergleichen angenommen worden war. »Ich bitte Sie nur um die Hilfe, welche jeder Ehrenmann gewähren würde.«

»– nämlich, daß er seine Taschen ausleert«, bemerkte Pater Brown und tat dies auch, wobei ein paar Kupfermünzen, eine Rückfahrkarte, ein kleines Silberkreuz, ein kleines Brevier und eine Stange Schokolade herausfielen.

Der Oberst blickte ihn lange an, dann sagte er: »Wissen Sie, ich sollte lieber danach fragen, was in ihrem Kopf vorgeht als in Ihren Taschen. Meine Tochter ist ja eine von Euch, obwohl sie neulich –« stockte er.

»– sie neulich«, rief der alte Fischer dazwischen, »einem sozialistischem Halsabschneider die Tür zum Haus ihres Vaters geöffnet hat, der offen zugibt, daß er einem reicheren Mann alles stehlen würde. Womit alles gesagt wäre. Hier haben wir den reicheren Mann – und darum doch nicht reicheren.«

»Wenn Sie das Innenleben meines Kopfes interessiert, dann können Sie es haben«, sagte Brown gelangweilt. »Was es wert ist, können Sie mir später sagen, aber das erste, was ich in dieser Rumpelkammer finde, ist, daß Diamantendiebe nicht von Sozialismus reden. Das sind eher Leute«, fügte er erschöpft hinzu, »die ihn an den Pranger stellen.«

Die anderen winkten heftig ab, aber der Priester fuhr unbekümmert fort.

»Wir kennen diese Leute doch mehr oder weniger, oder? Dieser Sozialist würde genausowenig einen Diamanten stehlen, wie eine Pyramide. Wir müssen unverzüglich nach dem einen Menschen sehen, den wir nicht kennen, dem Kerl, der den Polizisten spielte – Florian. Ich frage mich, wo er gerade steckt.«

Der Pantalon sprang auf und ging mit langen Schritten zur Türe hinaus. Im folgenden Intermezzo starrte der Millionär den Priester an und der Priester sein Brevier; dann kehrte der Pantalon zurück und berichtete in ernstem Stakkato:

»Der Polizist liegt noch auf der Bühne. Der Vorhang ist schon sechsmal auf- und niedergegangen, aber er liegt noch immer dort.«

Pater Brown ließ sein Buch sinken, stand da und starrte in vollkommener geistiger Zerrüttung. Sehr langsam kehrte ein Licht in seine grauen Augen zurück; und dann stellte er die überhaupt nicht naheliegende Frage:

»Verzeihen Sie, Oberst, aber wann ist Ihre Frau gestorben?«

»Meine Frau?« wiederholte der starrende Soldat. »Dieses Jahr vor zwei Monaten. Ihr Bruder Jakob kam gerade eine Woche zu spät, um sie noch zu sehen.«

Der kleine Priester machte einen Satz wie ein angeschossenes Kaninchen. »Kommen Sie!« rief er in recht ungewohnter Erregung. »Los! Wir müssen fort und uns diesen Polizisten ansehen!«

Sie eilten auf die jetzt verhängte Bühne, drängten sich schroff an der Kolumbine und dem Clown vorbei (die sehr angeregt zu flüstern schienen) und Pater Brown beugte sich über den am Boden ausgestreckten komischen Polizisten.

»Chloroform«, sagte er, als er aufstand, »ich kam erst jetzt darauf.«

Bestürztes Schweigen folgte, dann sagte der Oberst langsam: »Bitte, erklären sie uns doch, genau was all das zu bedeuten hat.«

Pater Brown schüttelte sich plötzlich vor Lachen, dann hielt er inne und kämpfte noch einige Male dagegen an, während er weiter sprach.

»Meine Herren«, japste er, »wir haben keine Zeit für lange Erklärungen; ich muß den Übeltäter verfolgen. Aber dieser große, französische Schauspieler, der so naturgetreu den Wachmann spielte, dieser biegsame Körper, mit dem der Harlekin tanzte, den er schubste und hin- und herwarf – das war –.« Seine Stimme versagte wieder und er hatte sich bereits umgedreht um die Verfolgung aufzunehmen.

»Das war?« rief ihm Fischer nach.

»Ein echter Polizist«, gab Pater Brown zurück und verschwand im Dunkel.

Am anderen Ende des belaubten Gartens gab es Höhlen und Lauben, die selbst im tiefsten Winter von Lorbeer und anderem Immergrün überwuchert waren und sich gegen den Saphirhimmel und den Silbermond in warmen südländischen Farben abhoben. Das freundliche Grün des wiegenden Lorbeers, das satte Purpur der Nacht, der einem riesigen Kristall gleichende Mond ergaben ein nahezu unverantwortlich romantisches Bild. Und zwischen den höchsten Zweigen der Gartenbäume kletterte eine eigenartige Gestalt, die weniger romantisch, als vielmehr außerirdisch aussah. Sie glitzerte von Kopf bis Fuß, als wäre sie in zehn Millionen Monde gekleidet. Der echte Mond erfasste sie in jedem Augenblick, und sein Licht steckte immer wieder ein weiteres Stückchen von ihr in Brand. Aber die Gestalt schwang sich, funkelnd und gewandt, von den niedrigeren Bäumen dieses Gartens zu den höheren des anderen und hielt nur deshalb inne, weil ein Schatten unter den kleinen Bäumen vorbeigehuscht war und nun unverkennbar nach ihr rief:

»Nun, Flambeau«, sagte die Stimme. »Sie schauen wirklich aus wie eine Sternschnuppe, aber darunter versteht man letztendlich doch immer einen fallenden Stern.«

Die silbern-glitzernde Gestalt über ihm im Lorbeer schien sich vornüber zu neigen, und nun, ihrer Flucht ohnehin sicher, der kleinen Figur unter ihr zuzuhören.

»Sie waren noch nie besser, Flambeau. Es war schlau, über Kanada zu kommen (mit einem Pariser Ticket, vermute ich), genau eine Woche nach Mrs. Adams Tod, als niemand in der Stimmung war, Fragen zu stellen. Noch schlauer war es, sich die ›Sternschnuppen‹ und den Tag von Fischers Ankunft zu vermerken. Aber das Folgende ist nicht mehr nur Schlauheit, sondern wirkliches Genie. Die Steine zu stehlen, war wohl keine Kunst für Sie. Sie hätten es auch mit hundert anderen Taschenspielertricks zuwege gebracht, als dadurch, Fischers Rock einen Eselsschwanz aus Papier anzuheften. Im übrigen aber haben Sie sich selbst übertroffen.«

Die silbrige Gestalt im Grün der Blätter schien wie hypnotisiert zu schwanken, denn obwohl sie sich zur Flucht einfach nur hätte umdrehen müßen, starrte sie wie gebannt auf den Mann dort unten.

»Oh ja«, fuhr der Mann unter ihm fort, »ich kenne die ganze Geschichte. Ich weiß, Sie haben nicht nur auf das Theater gedrängt, sondern Sie haben sogar doppelten Nutzen daraus geschlagen. Sie wollten die Steine in Seelenruhe stehlen. Durch einen Komplizen erhielten Sie Nachricht, daß man Sie bereits im Verdacht hatte und ein fähiger Polizeioffizier schon unterwegs sei, um Sie schon in dieser Nacht aufzuspüren. Ein gewöhnlicher Dieb wäre für die Warnung dankbar gewesen und hätte sich aus dem Staub gemacht. Sie aber sind ein Poet. Sie hatten bereits die gute Idee gehabt, die Steine im Glanz falscher Theaterjuwelen zu verstecken, aber dann stellten Sie fest, daß man ja nur eine Verkleidung als Harlekin bräuchte, um das Erscheinen eines Polizisten vollkommen plausibel zu machen. Der werte Beamte brach von der Polizeiwache in Putney auf, um Sie zu suchen und tappte in die merkwürdigste Falle, die je auf dieser Welt gestellt wurde. Als die Türflügel sich öffneten, betrat er direkt die Bühne eines Weihnachtstheaters, in dem er von dem tanzenden Harlekin unter dem schallenden Gelächter der höchst ehrenwerten Leute von Putney getreten, geschlagen, überwältigt und betäubt wurde. Oh, sie werden nie mehr bessere Arbeit leisten! Übrigens könnten Sie mir jetzt diese Diamanten zurückgeben.«

Der grüne Zweig, auf dem die glitzernde Gestalt hielt, raschelte wie in Erstaunen, doch die Stimme fuhr fort.

»Ich möchte, daß Sie sie zurückgeben, Flambeau, und auch, daß Sie dieses Leben aufgeben. Noch steckt Jugend und Ehrgefühl und Witz in Ihnen; bilden Sie sich nicht ein, das würde so bleiben, wenn sie in diesem Metier bleiben. Man kann sich wohl auf einer gewissen Stufe des Guten halten, aber niemand hat es je geschafft, auf einer bestimmten Stufe des Bösen zu bleiben. Dieser Weg führt nur weiter abwärts. Der gutherzige Mann trinkt und wird grausam, der Aufrichtige tötet und leugnet es. Ich habe viele gekannt, die als ehrliche Banditen begannen, die selig nur die Reichen beraubten und dennoch als Abschaum endeten. Maurice Blum begann als prinzipientreuer Anarchist, ein Vater der Armen, und er endete als schäbiger Spion und Angeber, den beide Seiten ausnutzten und verachteten. Harry Burkes Bewegung zur Beseitigung des Geldes wurde von einem aufrichtigen Mann ins Leben gerufen, jetzt schnorrt er bei seiner halbverhungerten Schwester um endlose Mengen Brandwein. Lord Ambers Abstieg in die Unterwelt begann sicherlich aus Ritterlichkeit, jetzt läßt er sich von den elendesten Geiern Londons erpressen. Hauptmann Barillon war der große Gentleman-Gangster vor Ihrer Zeit; er starb im Irrenhaus, heulend aus Angst vor Spitzeln und Hehlern, die ihn verraten und gehetzt hatten. Ich weiß, Flambeau, der Wald hinter Ihnen sieht nach Freiheit aus und ich weiß, daß Sie in Sekundenschnelle wie ein Affe mit ihm verschmelzen könnten. Eines Tages aber werden Sie ein alter, grauer Affe sein, Flambeau. Sie werden in Ihrem freien Wald unter kahlen Baumwipfeln sitzen, mit Kälte im Herzen und dem Tode nahe.«

So ging es weiter, wie als ob der kleine Mann dort unten den anderen auf dem Baum oben an einer langen, unsichtbaren Leine hielt, und er fuhr fort: »Ihr Weg nach unten hat begonnen. Sie haben immer damit angegeben, nichts Niederträchtiges zu tun, aber heute Abend tun sie etwas Niederträchtiges. Sie bringen einen ehrlichen Jungen, gegen den ohnehin schon einige Vorbehalte existieren, noch mehr in Verdacht. Sie trennen ihn von der Frau, die er liebt und die ihn liebt. Aber Sie werden, ehe Sie sterben, noch niederträchtigere Taten als das begehen.«

Drei funkelnde Diamanten fielen vom Baum auf den Rasen. Der kleine Mann bückte sich, um sie aufzulesen, und als er wieder zu dem grünen Käfig des Baums aufblickte, war sein silberner Vogel fort.

Die Rückgabe der Diamanten (welche gerade zufälligerweise von Pater Brown gefunden worden waren) ließ den Abend in tobendem Triumph enden. Und auf dem Höhepunkt seiner guten Laune versicherte Sir Leopold Fischer dem Priester sogar, er selbst hätte freilich einen viel breiteren Horizont, aber er könne durchaus auch jene respektieren, deren Glauben sie zu Abgeschlossenheit und Weltfremdheit verurteile.

Die Sünden des Prinzen Saradine

Als Flambeau seinen Monatsurlaub von seinem Büro in Westminster nahm, verbrachte er ihn auf einem kleinen Segelboot, so klein, daß es meist als Ruderboot benutzt wurde. Mit diesem kleinen Boot befuhr er die kleinen Flüsse der östlichen Provinzen; Flüsse so klein, daß das Boot wie ein, zwischen Wiesen und Kornfeldern über Land segelndes Zauberboot aussah. Das Fahrzeug war nur für zwei Personen ausreichend bequem; es gab nur Platz für das Notwendigste und Flambeau hatte es mit jenen Dingen beladen, die seine besondere Philosophie für notwendig erachtete. Er beschränkte sich im Wesentlichen anscheinend auf vier Dinge: Lachs in Büchsen, falls er etwas essen wollte, geladene Revolver, falls er kämpfen wollte, eine Flasche Kognak, wahrscheinlich für den Fall, daß er einen Schwächeanfall bekäme und einen Priester, wahrscheinlich für den Fall, daß er sterben müsse. Mit diesem leichten Gepäck schaukelte er langsam die kleinen Flüsse Norfolks hinab, mit dem Ziel, die Norfolk Broads zu erreichen. In der Zwischenzeit jedoch, wollte er sich an den überhängenden Gärten und Auen, den verspiegelten Herrensitzen und Dörfern ergötzten, hier und da verweilen, um in Teichen und Buchten zu fischen und um in gewisser Weise das Ufer zu umarmen.

Wie es sich für einen richtigen Philosophen gehört, war sein Urlaub ohne Ziel, und wie es sich für einen richtigen Philosophen gehört, hatte er eine Ausrede. Er verfolgte gewissermaßen ein halbes Ziel, das er gerade ernst genug nahm, daß seine Erfüllung die Krönung des Urlaubs bedeutet hätte, und gerade so leicht, daß ein Mißerfolg den Urlaub nicht verderben würde. Vor vielen Jahren, als er noch ein König unter den Dieben und die bekannteste Person von Paris war, bekam er oft ungestüme Bekundungen des Beifalls, der Anschuldigung, ja sogar der Liebe; eine aber war ihm besonders im Gedächtnis geblieben. Sie bestand eigentlich nur aus einer Visitenkarte in einem Briefumschlag mit englischer Briefmarke. Auf der Rückseite der Karte war mit grüner Tinte in Französisch geschrieben: »Sollten Sie je in Ruhestand gehen und ein anständiger Mensch werden, dann kommen Sie mich besuchen. Ich möchte Sie kennenlernen, denn ich habe alle anderen großen Männer meiner Zeit kennengelernt. Ihr Trick, wie Sie den einen Detektiv durch den anderen verhaften ließen, war der glänzendste Streich in der französischen Geschichte.« Auf der Vorderseite der Karte war in formaler Weise graviert: *»Prinz Saradine, Schilf-Haus, Schilf-Insel, Norfolk.«*

Er hatte sich damals nicht weiter um den Prinzen bekümmert. Er brachte nur in Erfahrung, daß er in Süditalien als eine brillante und elegante Person galt. Man erzählte sich, er sei in seiner Jugend mit einer verheirateten Frau hohen Ranges durchgebrannt. Der Seitensprung selbst sorgte in seinen Kreisen für wenig Aufsehen, aber er blieb infolge einer damit verbundenen Tragödie im Gedächtnis, nämlich wegen des mutmaßlichen Selbstmordes des betrogenen Gatten, der sich anscheinend in einen Abgrund in Sizilien gestürzt hatte. Der Prinz lebte dann einige Zeit in Wien, doch die vergangenen Jahre schien er mit beständigem und ruhelosem Reisen verbracht zu haben. Als Flambeau jedoch, genau wie der Prinz, die europäische Prominenz hinter sich gelassen hatte und sich in England niederließ, kam es ihm in den Sinn, diesem berühmten Verbannten in den Norfolk Broads einen überraschenden Besuch abzustatten. Er hatte keine Ahnung, ob er den Ort finden würde, und in der Tat war dieser auch ziemlich klein und einsam gelegen. Doch wie die Dinge so laufen, fand er ihn schneller als er es erwartete.

Sie hatten ihr Boot eines Abends an einer Uferbank mit hohem Gras und kleinen gestutzten Bäumen festgemacht. Nach der harten Ruderei hatte sich der Schlaf früh eingestellt und durch einen entsprechenden Zufall erwachten sie, noch ehe es hell war. Genauer gesagt, sie erwachten, ehe es Tag war, denn ein großer zitronengelber Mond ging eben erst hinter dem Walde hohen Grases über ihren Köpfen unter und der Himmel trug ein lebhaftes Blauviolett, – es war nächtlich aber hell. In den beiden Männern erwachten gleichzeitig Kindheitserinnerungen, die Zeit der Elfen und Abenteuer, als hohes Gras sich manchmal wie ein Wald über einem auftürmte. So gegen den großen Mond gerichtet sahen die Gänseblümchen tatsächlich wie Riesengänseblümchen und der Löwenzahn wirklich wie Riesenlöwenzahn aus. Es erinnerte auch an die Wandbekleidung in Kinderzimmern. Das Flußbett lag so tief, daß die Wurzeln der Sträucher und Blumen über ihnen hingen und sie von unten auf das Gras hochblickten.

»Beim Jupiter«, meinte Flambeau, »es kommt einem vor, als wäre man im Feenland!«

Pater Brown saß kerzengerade im Boot und bekreuzigte sich. Die Bewegung war so hastig, daß sein Freund ihn gutmütig anstarrte und fragte, was los sei.

»Die Leute, die die mittelalterlichen Balladen schrieben«, antwortete der Priester, »wußten mehr von Feen als Sie. Es sind nicht nur gute Dinge, die in ihrem Reich geschehen.«

»Ach, Unsinn!« rief Flambeau. »Nur Gutes könnte unter solch einem unschuldigen Mond geschehen. Ich wäre dafür, weiterzurudern und zu sehen, was wirklich geschieht. Wir könnten sterben und vermodern, bevor wir je wieder einen solchen Mond und eine solche Stimmung erleben.«

»Einverstanden«, erklärte Pater Brown. »Ich habe ja nie gesagt, es sei immer falsch, ins Feenland zu gehen. Ich sagte nur, es sei immer gefährlich.«

Langsam ruderten sie den sich aufhellenden Fluß hinauf, das leuchtende Violett des Himmels und das fahle Gold des Mondes wurden immer blasser und blasser und verloren sich in den weiten farblosen Kosmos, der den Farben des Sonnenaufgangs vorangeht. Als die ersten schwachen Streifen von Rot und Gold und Grau den Horizont von einem Ende zum anderen teilten, brachen sie sich an der schwarzen Erscheinung einer Stadt oder eines Dorfes, das ein Stück vor ihnen am Fluß lag. Es war bereits leichtes Dämmerlicht, das alles sichtbar machte, als sie unter den herabhängenden Dächern und Brücken dieses Dörfchens ankamen. Die Häuser mit ihren langen tiefsitzenden steilen Dächern sahen aus wie riesige, graue und rote Rinder, die zum trinken an den Fluß gekommen waren. Das sich ausbreitende und aufhellende Dämmerlicht hatte sich schon in richtiges Tageslicht verwandelt, noch ehe sie ein lebendes Geschöpf auf den Stegen und Anlegestellen dieses stillen Städtchens erblickten. Schließlich sahen sie einen sehr ruhigen, behäbigen Mann in Hemdärmeln mit einem Gesicht so rund, wie der eben versunkene Vollmond und Strahlen roten Barthaares an seiner unteren Rundung, der an einen Pfahl gelehnt vor der trägen Flut stand. Von einem nicht weiter zu erklärenden Impuls getrieben erhob sich Flambeau im schwankenden Boot zu seiner vollen Höhe und rief nach dem Mann, um ihn zu fragen, ob er die

Schilfinsel oder das Schilfhaus kenne. Das Lächeln des behäbigen Mannes verbreiterte sich allmählich und stumm wies er flußaufwärts in Richtung der nächsten Biegung. Flambeau ruderte weiter, ohne ein weiteres Wort zu verlieren.

Das Boot fuhr noch um manche grasige Ecke und folgte noch manchen schilfreichen und schweigenden Flussabschnitten. Doch noch bevor die Suche begann eintönig zu werden, hatten sie sich bereits um eine besonders scharfe Ekke geschwungen und waren in die Stille eines Teiches oder Sees gelangt, dessen Anblick sie instinktiv gefangen nahm. Denn inmitten dieser etwas weiteren Wasserfläche, ringsum von Schilf eingefaßt, lag eine lange flache Insel, über deren Länge sich ein langes flaches Haus oder Bungalow, gebaut aus Bambus oder einem anderen widerstandsfähigen tropischen Rohr, sich hinzog. Die aufragenden Bambusrohre, aus denen die Mauern bestanden, waren hellgelb; die schräg darauf ruhenden Rohre, die das Dach bildeten, waren dunkelrot oder braun. Abgesehen davon war das langgestreckte Haus aber eine eintönige und einförmige Sache. Der frühe Morgenwind raschelte im Schilf rund um die Insel und sang durch das eigenartig gerippte Haus wie auf einer riesigen Panflöte.

»Wahrhaftig!« rief Flambeau. »das ist endlich der Ort! Wenn es eine Schilfinsel gibt, dann ist es diese hier, wenn es irgendwo das Schilfhaus gibt, dann ist es dieses! Ich glaube, der fette Mann mit dem roten Bart war eine Fee.«

»Kann sein«, bemerkte Pater Brown unvoreingenommen. »Aber wenn, dann war er eine böse Fee.«

Doch während er noch sprach, hatte der ungestüme Flambeau in dem raschelnden Schilf angelegt und sie standen auf der langen idyllischen Insel neben dem seltsamen stillen Haus.

Das Haus stand mit seiner Rückseite zum Fluß und zum einzigen Landungssteg. Der Haupteingang lag auf der anderen Seite und blickte auf den langen Inselgarten hinaus. Die Ankömmlinge näherten sich ihm daher auf einem schmalen Pfad, der dicht unter dem niedrigen Dachrand an fast drei Seiten des Hauses entlang lief. Durch drei verschiedene Fenster blickten sie auf drei verschiedenen Seiten in denselben langen, gut beleuchteten und mit hellem Holz getäfelten Raum, welcher eine große Anzahl Spiegel enthielt und wie für ein elegantes zweites Frühstück hergerichtet war. Die Vordertür, die sie endlich erreichten, war von zwei türkisblauen Blumentöpfen flankiert. Ein Diener von der trostlosen Sorte – groß, hager, grau und lustlos – öffnete und murmelte, Prinz Saradine sei augenblicklich abwesend, werde aber zur Stunde zurückerwartet; das Haus sei für ihn und seine Gäste bereitet. Das Vorweisen der Karte mit den grünen Schriftzügen entfachte ein Fünkchen Leben im Pergamentgesicht des depressiven Bediensteten und mit einer gewissen unsicheren Höflichkeit ersuchte er die Fremden, zu bleiben. »Seine Durchlaucht sollte jede Minute hier sein und würde sehr bedauern, jemanden, den er eingeladen hatte, zu verpassen. Wir haben die Anweisung, stets eine kleine kalte Mahlzeit für ihn und seine Freunde bereit zu halten und ich bin sicher, er würde wünschen, daß sie angeboten wird.«

Angetrieben von der Neugier auf dieses kleine Abenteuer nahm Flambeau die Einladung dankend an und folgte dem Alten, der ihn feierlich in den langen hell getäfelten Raum geleitete. Es war nichts Bemerkenswertes daran, ausgenommen der ungewöhnlichen Reihe vieler breiter und niedriger Fenster und breiter und niedriger rechteckiger Spiegel, die abwechselnd aufeinander folgten, was dem Zimmer etwas eigenartig Luftiges und Substanzloses verlieh. Es war, als würde man im Freien speisen. Ein paar unspektakuläre Bilder hingen in den Ecken, eine große graue Photographie eines sehr jungen Mannes in Uniform und eine rote Kreideskizze zweier Knaben mit langem Haar. Auf Flambeaus Frage, ob das Soldatenporträt den Prinzen darstelle, antwortete der Diener kurz verneinend, es sei des Prinzen jüngerer Bruder, Hauptmann Stephen Saradine. Und nach diesen Worten schien der Alte plötzlich zu versteinern und alle Lust an weiterem Gespräch verloren zu haben.

Nachdem das Mahl mit ausgezeichnetem Kaffee und Likören seinen Abschluß gefunden hatte, wurden die Gäste mit dem Garten, der Bibliothek und der Haushälterin bekannt gemacht, einer dunkelhaarigen, schönen Frau, nicht unmajestätisch, so etwas wie eine Madonna der Unterwelt. Wie es schien, waren sie und der Diener die einzigen Überbleibsel aus dem ursprünglich ausländischen Haushalt des Prinzen, während alle anderen Diener im Hause neu und von der Haushälterin in Norfolk aufgesammelt waren. Besagte Dame hörte auf den Namen Mrs. Anthony, sprach aber in einem leichten italienischen Akzent und Flambeau zweifelte nicht, daß Anthony nur die Norfolk-Version eines südländischen Namens war. Mr. Paul, den Diener, umwehte auch ein gewisser Hauch des Exotischen, wenngleich er der Sprache und den Manieren nach Engländer zu sein schien, wie viele der geschliffensten Hausdiener des kosmopolitischen Adels.

So hübsch und einzigartig der Ort auch war, so lag doch eine gewisse merkwürdig glimmende Traurigkeit über allem. Stunden wurden dort zu Tagen. Die langen fensterreichen Räume erfüllte helles Tageslicht, aber es erschien wie totes Tageslicht. Und durch jedes andere zufällige Geräusch, den Laut gesprochener Worte, das Klirren der Gläser oder den Schritt der Dienstboten konnte man auf allen Seiten des Hauses das melancholische Rauschen des Flusses vernehmen.

»Wir sind um eine falsche Ecke gebogen und an einem falschen Ort gelandet.« meinte Pater Brown, durch das Fenster auf das graugrüne Schilf und die silbernen Fluten hinausblickend. »Machen wir uns nichts daraus, man kann manchmal auch Gutes tun, indem man die richtige Person am falschen Ort ist.«

Pater Brown, obwohl für gewöhnlich ein schweigsamer Mensch, war ein eigentümlich mitfühlender kleiner Mann und während jener wenigen aber endlosen Stunden versank er, ohne sich dessen bewußt zu sein, tiefer in die Geheimnisse des Schilfhauses als sein Freund, der Detektiv von Berufswegen. Brown besaß jene Gabe des freundlichen Schweigens, die so wesentlich zum Tratschen gehört, und ohne selbst mehr als ein paar Worte zu verlieren, erfuhr er von seinen neuen Bekanntschaften höchstwahrscheinlich alles, was sie zu erzählen bereit waren. Der Butler schien in der Tat von Natur aus nicht mitteilsam. Er verriet eine mürrische und beinahe tierische Anhänglichkeit an seinen Herrn, dem, wie er sagte, sehr übel mitgespielt worden sei. Der Hauptfeind schien der Bruder Seiner Durchlaucht zu sein und allein die Nennung seines Namens genügte schon, um die eingefallenen Wangen des Alten in die Länge zu ziehen und seine Papageiennase zu rümpfen. Hauptmann Stephen mußte offensichtlich ein Tunichtgut sein und hatte seinen gutherzigen Bruder um Hunderte und Tausende geschröpft, ihn gezwungen, sein schickes Leben aufzugeben und zurückgezogen hier in dieser Einsamkeit zu leben. Das war alles, was sich aus dem Butler Paul herausbringen ließ und dabei war Paul unzweifelhaft parteilich.

Die italienische Haushälterin war gesprächiger, weil sie wohl, wie Pater Brown vermutete, weniger zufrieden war. Ihr

Ton hatte, wenn sie von ihrem Herrn sprach, trotz einer gewissen Ehrfurcht einen giftigen Beiklang. Flambeau und sein Freund standen in dem Spiegelzimmer und betrachteten die rote Zeichnung der beiden Knaben, als die Haushälterin wegen irgendeiner Hausarbeit hereingefegt kam. Es war das Besondere an diesen blitzenden glasgetäfelten Raum, daß jeder der eintrat sofort von vier oder fünf Spiegeln zurückgeworfen wurde, und so brach Pater Brown, ohne sich umzuwenden, mitten im Satz seine Familienkritik ab. Flambeau jedoch, das Gesicht nahe am Bild, sagte bereits mit lauter Stimme: »Wohl die Brüder Saradine. Sie sehen eigentlich unschuldig aus. Es wäre schwer zu sagen, welcher der Gute und welcher der Böse ist.« Als er die Anwesenheit der Frau wahrnahm, gab er der Unterhaltung eine belanglose Wendung und schlenderte in den Garten hinaus. Pater Brown aber musterte immer noch inständig die rote Kreideskizze; und Mrs. Anthony musterte inständig Pater Brown.

Sie besaß große und tragische Augen und ihr olivfarbenes Gesicht glühte dunkel in neugieriger und schmerzender Faszination, wie bei jemandem, der über die Identität und die Absichten eines Fremden im Unklaren ist. Ganz gleich ob das Gewand und das Bekenntnis des kleinen Priesters irgendwelche südländischen Beichtgedanken in ihr weckten oder ob sie vermutete, er wisse mehr, als er vorgab, jedenfalls sagte sie zu ihm mit leiser Stimme wie zu einem Mitverschwörer: »Einerseits hat er ganz recht, Ihr Freund. Er sagt, es wäre schwer, den guten Bruder von dem bösen zu unterscheiden. Oh, es wäre schwer, furchtbar schwer, den guten zu finden.«

»Ich verstehe nicht«, erwiderte Pater Brown und begann, sich abzuwenden.

Die Frau trat einen Schritt näher zu ihm heran, mit blitzender Miene, sich beugend wie ein Stier, der seine Hörner senkt.

»Es gibt keinen guten«, zischte sie. »Es war schon genug des Bösen, daß der Hauptmann sich all das Geld nahm, aber ich glaube nicht, daß darin viel Gutes lag, daß der Prinz es ihm gegeben hat. Der Hauptmann ist nicht der einzige, der etwas auf dem Gewissen hat.«

Im abgewandten Gesicht des Geistlichen ging ein Licht auf und sein Mund formte stumm das Wort ›Erpressung‹. In diesem Moment, blickte die Frau plötzlich erbleichend über ihre Schulter und fiel beinahe um. Die Türe hatte sich lautlos geöffnet und der blasse Paul stand wie ein Geist im Eingang. Infolge der unheimlichen Anordnung der Spiegelwände schien es, als ob fünf Pauls gleichzeitig durch fünf Türen eingetreten seien.

»Seine Durchlaucht«, meldete er »ist soeben angekommen.«.

Im selben Augenblick war die Gestalt eines Mannes draußen am ersten Fenster vorübergegangen und hatte die sonnendurchflutete Fensterscheibe wie eine beleuchtete Bühne gekreuzt. Einen Augenblick später kam sie am zweiten Fenster vorüber und die vielen Spiegel reflektierten dasselbe adlergleiche Profil und die marschierende Gestalt in ineinander geschachtelten Bildern. Er schritt aufrecht und aufmerksam, aber sein Haar war weiß und sein Teint von eigentümlichem Elfenbeingelb. Der Mann besaß jene kurze, gebogene römische Nase, die gewöhnlich mit langen, schlanken Wangen und entsprechendem Kinn einhergeht, jedoch wurden letztere zum Teil von Schnurr- und Kinnbart verdeckt. Der Lippenbart war viel dunkler als der am Kinn, was etwas theatralisch wirkte; und auch die Kleidung war von derselben schneidigen Art, denn er trug einen weißen Zylinder, eine Orchidee am Anzug, eine gelbe Weste und gelbe Handschuhe, die er beim Gehen schwang. Als er zur Vordertüre herumkam, hörten sie den steifen Paul diese öffnen und den Ankömmling in freundlichem Ton sagen: »Nun, Sie sehen, ich bin gekommen.« Der steife Paul verbeugte sich und antwortete mit seiner lautlosen Art. Einige Minuten lang konnte man ihre Unterhaltung nicht verstehen, dann jedoch sagte der Diener: »Es steht alles für Sie bereit.« und der handschuhschwingende Prinz betrat fröhlich das Zimmer, um die Gäste zu begrüßen. Wiederum bot sich ihnen die gespenstische Szene – fünf Prinzen, welche durch fünf Türen das Zimmer betraten.

Der Prinz legte den weißen Hut und die gelben Handschuhe auf den Tisch und streckte in aller Herzlichkeit seine Hand aus.

»Sehr erfreut, Sie hier zu sehen, Mr. Flambeau.« sagte er. »Ich kenne sie ihrem Ruf nach sehr gut, wenn dieser Bemerkung nicht indiskret ist.«

»Nicht im geringsten«, antwortete Flambeau lachend. »Ich bin nicht empfindlich. Sehr selten wird ein Ruf durch unbefleckte Tugend erworben.«

Der Prinz schaute ihn mit scharfem Blick an, um zu sehen, ob die Replik eine Herausforderung barg; dann lachte auch er, bat jedem einen Sitzplatz an und setzte sich ebenfalls.

»Das ist ein hübscher kleiner Flecken hier, finde ich«, sagte er unbeteiligt. »Nicht viel los, fürchte ich; aber zum Fischen ist es ausgezeichnet.«

Der Priester, der ihn mit dem ernsten Blick eines kleinen Kindes anstarrte, war von einer Idee besessen, die sich jeder Definition entzog. Er studierte das graue, sorgfältig gekräuselte Haar, das gelblichweiße Gesicht und die schlanke, etwas geckenhafte Gestalt. All das sah nicht unnatürlich, wenngleich vielleicht etwas aufgesetzt aus, wie die Aufmachung einer Figur im Rampenlicht. Das namenlose Interesse lag in etwas anderem, in der Anordnung des Gesichts selbst. Brown quälte eine ungewisse Erinnerung, so als habe er es schon einmal irgendwo gesehen. Der Mann sah aus wie ein alter Freund, der sich verkleidet hatte. Dann fielen ihm plötzlich die Spiegel ein und er machte sich Gedanken über die psychologische Wirkung dieser Vervielfältigung menschlicher Masken.

Prinz Saradine erfüllte seine gesellschaftlichen Verpflichtungen gegenüber seinen Gästen mit großer Freude und Takt. Da er in dem Detektiv bereits den Sportsmann erkannt hatte, der seinen Urlaub auszunutzen beabsichtigte, lenkte er Flambeau und Flambeaus Boot zum besten Angelplatz des Flusses, und kam nach zwanzig Minuten mit seinem eigenen Kanu zurück, um in der Bibliothek ebenso höflich in Pater Browns mehr philosophische Vergnügungen einzutauchen. Er schien über ziemliche gute Kenntnisse sowohl der Fischerei als auch von Büchern zu verfügen, obwohl letztere nicht gerade zu den erbaulichsten zählten; er sprach fünf oder sechs Sprachen, doch von jeder hauptsächlich nur die Umgangssprache. Augenscheinlich hatte er in verschiedenen Städten und in sehr bunten Gesellschaften gelebt, denn einige seiner lustigsten Geschichten handelten von Spielhöllen und Opiumhöhlen, australischen Strauchdieben und italienischen Briganten. Pater Brown wußte, daß der einst gefeierte Saradine seine letzten Jahre fast pausenlos auf Reisen verbracht hatte, doch er hätte nie gedacht, daß diese Reisen von so verruchter und amüsanter Art gewesen waren.

In der Tat umgab sich Prinz Saradine bei all seiner Würde als Mann von Welt gegenüber solch feinfühligen Beobachtern wie dem Priester mit einer gewissen Atmosphäre der Ruhelosigkeit, ja sogar der Unzuverlässigkeit. Sein wirkte anspruchsvoll, doch sein Auge war wild. Er besaß kleine nervöse Eigenarten wie bei einem von Alkohol und Drogen gebeutelten Mann und er hatte sich noch nie viel in die Haushaltsführung eingemischt und auch nicht vorgegeben, es zu tun. Derartiges war ganz den beiden alten Bediensteten, besonders dem Butler überlassen, der schlichtweg den Grundpfeiler des Hauses bildete. Mr. Paul war in der Tat weniger ein Butler im Sinne eines Haushofmeisters oder selbst Kammerdieners; er nahm seine Mahlzeiten allein, doch fast ebenso pompös wie sein Herr ein. Alle niedrigeren Diener fürchteten ihn und er verkehrte mit dem Prinzen in schicklicher aber dennoch unbeugsamer Weise, gewissermaßen als wäre er der Vertreter des Prinzen. Im Vergleich dazu, war die finstere Haushälterin lediglich ein Schatten; es schien so, als würde sie sich im Hintergrund halten und dem Butler den Vortritt lassen und Brown hörte keines dieser eruptiven Flüsterworte mehr, welche mehr oder weniger offenbarten, daß der jüngere Bruder den älteren erpreßt hatte. Ob der Prinz wirklich von dem abwesenden Hauptmann derart ausgeblutet worden war, konnte er sich nicht sicher sein, doch war etwas Unsicheres und Verschlossenes an Saradine, was die Geschichte keineswegs unglaublich erscheinen ließ.

Als sie erneut den langen Raum mit den Fenstern und Spiegeln betraten, senkte sich bereits das Gelb des Abends auf das Wasser und die zugewachsenen Wiesen am Ufer und eine Rohrdommel klopfte in der Ferne wie ein Kobold, der auf seiner winzigen Trommel spielt. Dieselbe eigenartige Empfindung eines traurigen und unheilvollen Märchenlandes zog sich von neuem wie eine trübe Wolke über die Gedanken des Priesters. »Ich wünschte, Flambeau wäre zurück«, sagte er leise.

»Glauben Sie an den Untergang?« fragte der ruhelose Prinz Saradine unvermittelt.

»Nein«, antwortete sein Gast, »ich glaube an den Jüngsten Tag.«

Der Prinz wandte sich vom Fenster ab und starrte ihn eigentümlich an, sein Gesicht im Sonnenuntergang verdunkelt. »Was meinen Sie?« fragte er.

»Ich meine, daß wir hier auf der falschen Seite des Vorhangs stehen«, erwiderte Pater Brown. »Die Dinge, welche hier geschehen, scheinen nichts zu bedeuten, ihre Bedeutung tritt erst anderswo hervor, anderswo ereilt den wahrhaft Schuldigen seine Strafe. Hier scheint sie oft die falsche Person zu treffen.«

Der Prinz stieß einen unerklärlichen, fast tierischen Laut aus. Seine Augen funkelten seltsam in dem verdunkelten Gesicht. Ein neuer und schlimmer Gedanke platzte unbemerkt in den Verstand des anderen. Gab es etwa eine andere Erklärung für Saradines Gemisch aus Glanz und Schroffheit? War der Prinz – war er geistig vollkommen gesund? Er wiederholte »Die falsche Person – die falsche Person«, viel öfter als es für ein Gespräch natürlich wäre.

Dann erwachte in Pater Brown allmählich eine zweite Wahrheit. In den Spiegeln gegenüber konnte er die stumme Türe offen und den stummen Mr. Paul mit seiner üblichen farblosen Teilnahmslosigkeit in ihr stehen sehen.

»Ich dachte es wäre besser, es gleich zu melden«, sagte dieser mit derselben steifen Ehrerbietung wie ein alter Familienanwalt, »ein von sechs Mann gerudertes Boot hat am Landungssteg angelegt und in dessen Heck sitzt ein vornehmer Herr.«

»Ein Boot!« rief der Prinz. »Ein vornehmer Herr?« und stand auf.

Banges Schweigen herrschte, nur durchbrochen vom eigenartigen Ruf eines Vogels im Schilf. Und dann, ehe noch jemand erneut zu Wort kommen konnte, schritt ein neues Gesicht und eine neue Gestalt im Profil an den drei sonnenbeschienenen Fenstern vorüber, so wie der Prinz vor einer oder zwei Stunden vorübergeschritten war. Aber abgesehen von dem Zufall, daß beide Profile eine Adlernase besaßen, glichen sie einander sehr wenig. An Stelle des neuen, weißen Zylinders Saradines war hier ein schwarzer von altmodischer oder ausländischer Form, darunter steckte ein junges, sehr feierliches Gesicht, glatt rasiert, bläulich um das entschlossene Kinn und leise an den jungen Napoleon erinnernd. Die Ähnlichkeit wurde noch verstärkt durch das Altertümliche und Seltsame seiner ganzen Aufmachung, etwa wie ein Mann, der sich nie damit geplagt hat, die Gewohnheiten seiner Vorfahren zu ändern. Er trug einen verschlissenen blauen Mantelrock, eine rote soldatische Weste, und eine Art plumpen weißen Beinkleids, wie sie die ersten Viktorianer trugen, die aber heute sonderbar unpassend wirkten. Aus diesem ganzen Altkleiderladen blickte ein olivbraunes merkwürdig junges und ungeheuer aufrichtiges Gesicht hervor.

»Zum Teufel!« rief Prinz Saradine, schritt, seinen weißen Hut aufsetzend, selbst zur Vordertür zu und stieß sie zum abendlichen Garten auf.

Inzwischen hatten sich der Neuankömmling und sein Gefolge wie eine kleine Theaterarmee auf dem Rasen aufgestellt. Die sechs Bootsleute hatten das Boot an Land gezogen und bewachten es fast bedrohlich, indem sie ihre Ruder wie Speere aufrecht hielten. Es waren dunkelhäutige Männer und einige von ihnen trugen Ohrringe; einer jedoch stand näher an der Seite des olivfarbenen jungen Mannes mit der roten Weste und trug einen großen schwarzen Kasten von ungewöhnlicher Form.

»Ihr Name ist Saradine?« fragte der junge Mann.

Saradine bejahte dies ziemlich nachlässig.

Der Neuankömmling hatte trübe braune Hundeaugen, die von den ruhelosen und funkelnden grauen Augen des Prinzen so verschieden waren, wie es nur sein konnte. Aber erneut wurde Pater Brown von dem Gefühle gequält, als habe er eine Kopie dieses Gesichts schon irgendwo gesehen, und noch einmal dachte er an die Vervielfältigungen des verglasten Raumes und führte den Zufall darauf zurück. »Zum Kuckuck mit diesem Glaspalast!« murmelte er. »Man sieht alles viel zu oft. Es ist wie ein Traum.«

»Wenn Sie Prinz Saradine sind«, sagte der junge Mann, »so will ich Ihnen sagen, daß mein Name Antonelli ist.«

»Antonelli«, wiederholte der Prinz matt. »Irgendwie kommt mir dieser Name bekannt vor.«

»Gestatten Sie mir, mich vorzustellen«, sagte der junge Italiener.

Mit der Linken nahm er höflich seinen altmodischen Zylinder ab, während er mit der Rechten ausholte und dem Prinzen eine so schallende Ohrfeige versetzte, daß dessen weißer Zylinder runterfiel und die Treppe herabkullerte und einer der blauen Blumentöpfe auf seinem Sockel wackelte.

Der Prinz, was er auch immer sein mochte, war jedenfalls kein Feigling. Er sprang seinem Gegner an den Hals und legte ihn fast rückwärts ins Gras. Doch sein Feind entwand sich in einer eigentümlich unpassenden Art von hastiger Höflichkeit.

»Das wäre erledigt«, sagte er keuchend und in holperigem Englisch. »Ich habe beleidigt und ich werde Genugtuung geben. Marco, öffne den Kasten.«

Der Mann an seiner Seite mit den Ohrringen und dem großen schwarzen Kasten öffnete diesen und entnahm ihm zwei lange italienische Rapiere mit prächtigen Stahlgriffen und -klingen, die er mit der Spitze in den Rasen steckte. Der merkwürdige junge Mann stand mit seinem gelben und rachsüchtigen Gesicht dem Eingang gegenüber, die beiden Degen steckten wie zwei Friedhofskreuze aufrecht in der Erde und die sich dahinter auftürmende Reihe der Ruderleute verliehe dem Ganzen den Anschein als handele es sich um irgendeinen barbarischen Gerichtshof. Alles andere jedoch war unverändert geblieben, so rasch war die Unterbrechung gewesen. Das Gold der sinkenden Sonne glühte noch auf dem Rasen und die Rohrdommel klopfte noch, wie um ein kleines aber furchtbares Schicksal anzukünden.

»Prinz Saradine«, sagte der Mann namens Antonelli, »als ich noch ein Säugling in der Wiege war, töteten Sie meinen Vater und stahlen meine Mutter; mein Vater war der Glücklichere. Sie töteten ihn nicht in einem fairen Kampf, wie ich nun Sie töten werde. Sie und meine gemeine Mutter fuhren ihn zu einem einsamen Pass in Sizilien, stürzten ihn eine Klippe hinunter und verschwanden dann. Ich könnte es Ihnen nachmachen, wenn ich wollte, aber sie zu imitieren ist mir zu widerwärtig. Ich bin Ihnen durch die ganze Welt gefolgt und Sie sind mir immer entkommen. Dies aber ist das Ende der Welt – und auch das Ihrige. Jetzt habe ich Sie und ich gebe Ihnen die Chance, die Sie meinem Vater nicht gaben. Wählen Sie eines dieser beiden Schwerter.«

Prinz Saradine schien, seine Brauen zusammenziehend, einen Moment mit zu zögern. Aber seine Ohren klangen noch von dem Schlag und er sprang vorwärts und schnappte sich einen der Griffe. Auch Pater Brown sprang vor, bemüht, den Streit zu schlichten, aber er erkannte bald, daß seine Anwesenheit die Dinge nur noch schlimmer machte. Saradine war französischer Freimaurer und ein verbissener Atheist und ein Priester brachte ihn nach dem Gesetz der Gegensätze nur noch mehr in Rage. Und was den anderen Mann betraf, so konnte dieser weder durch einen Priester noch durch einen Laien zu irgendetwas bewegt werden. Dieser junge Mann mit dem Bonapartegesicht und den braunen Augen war etwas noch weit Unnachgiebigeres als ein Puritaner – ein Heide. Er war ein einfacher Schlächter aus der Frühzeit der Erde, ein Mann der Steinzeit – ein Mann aus Stein.

Eine Hoffnung blieb, nämlich das Hauspersonal herbeizurufen und Pater Brown rannte in das Haus zurück. Er stellte jedoch fest, daß der Autokrat Paul allen niedrigeren Dienern einen Tag Landurlaub gegeben hatte und nur die finstere Mrs. Anthony unruhig in den langen Räumen umherschritt. Aber in dem Moment, als sie ihm ihr verzerrtes Gesicht zukehrte, löste er eines der Rätsel des Spiegelhauses. Die schweren, braunen Augen Antonellis waren die schweren, braunen Augen von Mrs. Anthony, und er erfasste schlagartig die Hälfte der Geschichte.

»Ihr Sohn steht draußen«, sagte er, ohne Worte zu verschwenden, »entweder er oder der Prinz wird getötet werden. Wo steckt Mr. Paul?«

»Er ist am Landungssteg«, erwiderte die Frau kraftlos. »Er – er ruft Hilfe.«

»Mrs. Anthony«, bemerkte Pater Brown ernst, »es ist keine Zeit für Unsinn. Mein Freund ist mit seinem Boot flußaufwärts fischen. Das Boot Ihres Sohnes wird von seinen Leuten bewacht. Es gibt also nur dies eine Kanu. Was macht Mr. Paul damit?«

»Santa Maria! Ich weiß es nicht!« rief sie und sank der Länge nach auf den mit Matten belegten Boden.

Pater Brown hob sie auf das Sofa, schüttete einen Topf Wasser über sie, rief um Hilfe und rannte dann zum Landungssteg der kleinen Insel hinab. Doch das Kanu befand sich bereits in der Mitte des Flusses und der alte Paul ruderte und stieß es mit einer für sein Alter unglaublichen Kraft flußaufwärts.

»Ich werde meinen Herrn retten«, schrie er und seine Augen blitzen wie bei einem Wahnsinnigen. »Ich werde ihn noch retten!«

Pater Brown konnte nichts tun, als dem Boot nachzublikken, wie es gegen den Strom ankämpfte, und zu beten, daß der Alte das kleine Dorf noch rechtzeitig alarmieren würde.

»Ein Duell ist schon schlimm genug«, murmelte er, sich durch sein staubgraues, sprödes Haar fahrend, »aber selbst für ein Duell, war an der Sache etwas nicht in Ordnung. Ich spüre es in den Knochen. Aber was kann das sein?«

Während er so dastand und auf das Wasser starrte, auf dem sich zitternd der Sonnenuntergang spiegelte, vernahm er vom anderen Ende des Inselgartens her einen schwachen aber unverwechselbaren Klang, das kalte Aneinanderklirren von Stahl. Er drehte seinen Kopf.

Draußen, auf der äußersten Landzunge der langgestreckten Insel, auf einem Streifen Rasen hinter der letzten Rosenhecke kreuzten die Duellanten bereits die Waffen. Der Abend wölbte sich über ihnen wie ein Dom von jungfräulichem Gold und in dieser Entfernung trat jede Einzelheit scharf hervor. Sie hatten ihre Röcke abgeworfen, doch die gelbe Weste und das weiße Haar Saradines, die rote Weste und die weißen Beinkleider Antonellis schimmerten im gleichmäßigen Licht wie die Farben tanzender Aufziehpuppen. Die zwei Schwerter funkelten von der Spitze bis zum Griff wie zwei diamantene Nadeln und etwas Schreckliches lag darin, wie die zwei kleinen Gestalten sich so klein und lebhaft bewegten. Sie sahen wie zwei Schmetterlinge aus, von denen jeder versucht, den anderen auf Kork zu spießen.

Pater Brown lief, so rasch er konnte, und seine kurzen Beine bewegten sich wie ein Rad. Doch als er auf dem Kampfplatz ankam, mußte er feststellen, daß er sowohl zu spät wie zu früh geboren worden war – zu spät, um dem Zwist Einhalt zu gebieten, der sich im Schatten der grimmigen, auf ihre Ruder gelehnten Sizilianer abspielte, und zu früh, um irgend einen unseligen Ausgang vorhersehen zu können. Denn die beiden Männer waren einander in außerordentlicher Weise gewachsen. Der Prinz setzte seine Fähigkeiten mit einem gewissen zynischen Selbstvertrauen ein und der Sizilianer die seinen mit mörderischer Sorgfalt. Man hätte wohl in keinem überfüllten Amphitheater der Welt einen besseren Fechtkampf bewundern können, wie er sich hier funkelnd und klirrend auf dieser verlassenen schilfbedeckten Insel abspielte. Der schwindelerregende Kampf war lange ausgeglichen, so daß in dem protestierenden Priester die Hoffnung neu aufflammte; mit aller Wahrscheinlichkeit mußte Paul bald mit der Polizei zurück sein. Es wäre schon eine gewisse Erleichterung gewesen, wenn Flambeau vom Fischen zurückkehren würde, denn dieser war, körperlich gesehen, so viel wert wie vier andere. Aber keine Spur von Flambeau und, was noch viel merkwürdiger war, auch keine Spur von Paul oder der Polizei. Es gab kein anderes Floß oder eine Stange mit der man hätte übersetzen können; auf dieser verlorenen Insel in diesem weiten, namenlosen Teich war man von allem abgeschnitten wie auf einem Felsen im Pazifik.

Fast unmittelbar nach diesem Gedanken steigerte sich das Klirren der Degen zu einem Rasseln, die Arme des Prinzen flogen hoch und eine Spitze schoss aus seinem Rücken zwischen den Schulterblättern hervor. Mit einer ausladenden Drehung fiel er um, beinahe wie jemand, der ein halbes Rad schlägt. Die Waffe flog ihm aus der Hand wie eine Sternschnuppe und versank im nahen Fluß.

Er brach mit einer so erderschütternden Kraft zusammen, daß er einen großen Rosenbusch umriß und eine Wolke aus roter Erde aufwirbelte – einer Wolke die dem Rauch heidnischer Rituale glich. Der Sizilianer hatte dem Geist seines Vaters ein Blutopfer dargebracht.

Der Priester kniete sich sofort neben die Leiche, konnte aber nur noch festzustellen, daß es sich um eine Leiche handelte. Während er noch einige letzte, hoffnungslose Versuche unternahm, hörte er weiter flußaufwärts zum ersten Mal Stimmen und sah, wie ein Polizeiboot mit Schutzleuten und anderen wichtigen Personen darin, einschließlich dem aufgeregten Paul, zum Landungssteg schoß. Der kleine Priester erhob sich mit einer deutlich zweifelnden Grimasse.

»Weshalb«, brummte er, »weshalb in aller Welt ist er nicht früher gekommen?«

Etwa sieben Minuten später war die Insel durch den Einfall von Dorfleuten und Polizisten besetzt und die letzteren hatten den siegreichen Duellanten gestellt, wobei sie ihn pflichtschuldigst daran erinnerten, daß, was immer er sage, gegen ihn verwendet werden könne.

»Ich werde nichts sagen«, gab der Monomane mit entzücktem und friedevollem Gesicht zurück. »Ich werde nie wieder etwas sagen. Ich bin sehr glücklich und wünsche nur, aufgehängt zu werden.«

Dann schloß er den Mund, als man ihn abführte, und es ist die komische aber sichere Wahrheit, daß er ihn in dieser Welt in der Tat nie mehr öffnete außer, um bei seiner Verhandlung das Wort »schuldig« zu sprechen.

Pater Brown hatte starrend den plötzlich bevölkerten Garten, die Verhaftung des Mörders und das Wegtragen der Leiche nach erfolgter Untersuchung durch den Arzt beobachtet, so wie jemand der die Auflösung eines scheußlichen Traums verfolgt. Er war bewegungslos wie ein von Mann in einem Alptraum. Er gab Name und Adresse als Zeuge an, lehnte aber das angebotene Boot zum Übersetzen an Land ab und blieb allein in dem Inselgarten, den geknickten Rosenstrauch, den ganzen grünen Schauplatz dieser rasanten und unerklärbaren Tragödie betrachtend. Längs des Flusses schwand das Licht, Nebelstreifen stiegen an den sumpfigen Uferbänken auf und ab und zu huschten ein paar verspätete Vögel vorüber. Hartnäckig aber hielt sich in seinem (für gewöhnlich sehr lebendigen) Unterbewußtsein eine unaussprechbare Gewißheit, daß es immer noch etwas Ungeklärtes gab. Diese Empfindung, die er schon den ganzen Tag mit sich herum schleppte, ließ sich jedoch nicht vollends mit seinen Gedanken über das »Land der Spiegel« erklären. Irgendwie war er noch nicht zur eigentlichen Geschichte durchgedrungen, sondern hatte nur ein Spiel oder eine Maske gesehen. Und doch werden nur wegen einer Charade keine Menschen gehängt oder bekommen den Leib durchbohrt.

Während er grübelnd auf den Stufen des Landungsstegs saß, nahm er allmählich den großen, dunklen Streifen eines Segels, das still den schimmernden Fluß herabglitt, wahr. Er sprang auf die Füße und die angestauten Gefühle hätten ihn fast zum Weinen gebracht.

»Flambeau«, schrie er und schüttelte seinen Freund zum großen Erstaunen dieses Sportsmannes immer wieder mit beiden Händen, als dieser mit seiner Angelausrüstung an Land stieg. »Flambeau«, sagte er, »Man hat Sie also nicht umgebracht?«

»Umgebracht?« fragte der Angler mit großem Erstaunen. »Weshalb sollte ich denn umgebracht worden sein?«

»Oh, weil fast alle anderen hier umgebracht wurden«, sagte sein Gefährte ziemlich aufgeregt. »Saradine wurde ermordet und Antonelli will gehängt werden, und seine Mutter liegt bewußtlos drinnen und was mich betrifft, weiß ich nicht, ob ich noch in dieser Welt oder in der nächsten bin. Aber Gottseidank sind sie in meiner Welt.« Und er ergriff den Arm des verblüfften Flambeau.

Dem Landungssteg den Rücken kehrend kamen sie unter das vorspringende Dach des niedrigen Bambushauses und blickten durch eines der Fenster hinein, wie sie es bei ihrer ersten Ankunft getan hatten. Sie sahen ein künstlich beleuchtetes Inneres, das bewusst arrangiert war, um ihren Blick zu fesseln. Der Tisch des langen Speisezimmers war gedeckt worden, als Saradines Zerstörer wie ein Donnerkeil über die Insel hereingebrochen war. Und nun nahm das Abendessen seinen ruhigen Verlauf, denn Mrs. Anthony saß einigermaßen mürrisch am unteren Ende der Tafel, während am oberen Mr. Paul, der Majordomus, das beste Essen und Trinken genoß; dabei traten seine trüben, bläulichen Augen merkwürdig hervor und seine hagere Haltung schien undurchschaubar, aber keineswegs einer gewissen Befriedigung zu entbehren.

Mit heftiger Ungeduld rüttelte Flambeau am Fenster, stieß es auf und steckte seinen entrüsteten Kopf in den erleuchteten Raum.

»Natürlich!« schrie er. »Ich kann begreifen, daß Ihr etwas Auffrischung braucht, aber daß Ihr in der Tat das Abendessen Eures Herrn stehlt, während er ermordet im Garten liegt –«

»Ich habe viele Dinge in einem langen und angenehmen Leben gestohlen«, erwiderte der seltsame alte Herr in aller Ruhe, »und dieses Abendessen ist eines der wenigen Dinge, die ich nicht gestohlen habe. Dieses Abendessen und dieses Haus und der Garten gehören zufälligerweise mir.«

Eine Ahnung durchzog Flambeaus Gesicht. »Sie wollen sagen«, begann er, »daß im Testament von Prinz Saradine –«

»Ich bin Prinz Saradine!« unterbrach ihn der alte Herr, während er auf einer gesalzenen Mandel kaute.

Pater Brown, der den Vögeln draußen zusah, zuckte als hätte man ihn angeschossen und steckte sein Gesicht, blaß wie eine Steckrübe, zum Fenster hinein.

»Sie sind *was?*« wiederholte er mit schriller Stimme.

»Paul, Prinz Saradine, *à vos ordres*«, sagte die ehrwürdige Person höflich, ein Glas Sherry ergreifend. »Ich lebe hier in aller Ruhe, da ich ein häuslicher Mensch bin; nur aus Bescheidenheit lasse ich mich Mr. Paul nennen und um mich von meinem unglücklichen Bruder unterscheiden lassen zu können. Er starb, wie ich hörte, vor kurzem im Garten. Es ist natürlich nicht meine Schuld, wenn Feinde ihn bis hierher verfolgen. Das liegt an der bedauerlichen Unregelmäßigkeit seines Lebens. Er war kein häuslich veranlagter Charakter.«

Er verfiel wieder in Schweigen und sein Blick wandte sich von neuem über das gebeugte und mürrische Haupt der Frau hinweg der gegenüberliegenden Wand zu. Deutlich erkannten sie die Familienähnlichkeit, die ihnen am Toten aufgefallen war. Dann begannen seine alten Schultern sich zu heben und sich ein wenig zu schütteln, wie wenn er an etwas würgte, aber seine Züge blieben unverändert.

»Mein Gott!« rief Flambeau nach einer Pause, »der Kerl lacht auch noch!«

»Kommen Sie mit«, sagte Pater Brown, der käseweiß geworden war. »Raus aus diesem Höllenhaus! Schauen wir, daß wir wieder in ein ehrliches Boot kommen.«

Die Nacht war auf Schilf und Fluß niedergesunken, als sie sich von der Insel abstießen und im Dunkel stromabwärts treibend sich an zwei Zigarren wärmten, die wie rote Schiffslaternen glühten. Pater Brown nahm seine aus dem Mund und sagte:

»Ich glaube, Sie können sich jetzt die ganze Geschichte zusammenreimen? Letztes Endes ist sie primitiv. Ein Mann hatte zwei Feinde. Er war ein kluger Mann. Und so entdeckte er, daß zwei Feinde besser sind, als einer.«

»Ich kann Ihnen nicht folgen«, antwortete Flambeau.

»Oh, es ist eigentlich ganz einfach!« fuhr sein Freund fort. »Einfach, aber alles andere als unschuldig. Beide Saradines waren Schurken, aber der Prinz, der Ältere, war von der Sorte Schurken, die sich oben halten, und der jüngere, der Hauptmann, von der anderen, die untergehen. Dieser verkommene Offizier war vom Bettler zum Erpresser herabgesunken und eines Tages bekam er seinen Bruder, den Prinzen, zu fassen. Sichtlich war es in keiner leichten Sache, denn Prinz Saradine war leichtlebig und hatte keinen guten Ruf mehr zu verlieren, was sogenannte Gesellschaftssünden anbelangt. Kurz gesagt, es war eine Sache, die ihn seinen Kopf hätte kosten können und Stephen hatte buchstäblich einen Strick um seines Bruders Hals geworfen. Irgendwie hatte er die Wahrheit in dieser sizilianischen Affäre herausgefunden und war imstande, zu beweisen, daß Paul den alten Antonelli im Gebirge ermordet hatte. Der Hauptmann scheffelte zehn Jahre lang munter Schweigegeld, bis selbst des Prinzen glänzendes Vermögen ein wenig ärmlich auszusehen begann.

Aber Prinz Saradine trug noch eine andere Last als seinen blutsaugenden Bruder. Er wußte, daß Antonellis Sohn, zur Zeit des Mordes nur ein Kind, die schonungslose sizilianische Loyalität anerzogen bekommen hatte und nur dafür lebte, seinen Vater zu rächen, und zwar nicht mit dem Galgen (denn es mangelte ihm an Beweisen, wie Stephen sie besaß), sondern mit den alten Waffen der Vendetta. Der Knabe erlernte, Waffen mit tödlicher Präzision zu führen und als er alt genug war, sie zu gebrauchen, begann Prinz Saradine, wie die

Salonpresse erzählte, zu reisen. Tatsache ist, daß er um sein Leben zu fliehen begann, indem er wie ein gehetzter Verbrecher von einem Ort zum anderen eilte, aber mit einem unbarmherzigen Mann auf den Fersen. Das war Prinz Pauls Lage, keineswegs eine gemütliche. Je mehr Geld er ausgab, um Antonelli zu entgehen, um so weniger blieb ihm, um Stephen den Mund zu stopfen. Je mehr er ausgab, um Stephens Schweigen zu erkaufen, um so weniger Aussicht blieb, Antonelli schließlich zu entkommen. Da geschah es, daß er sich als großer Mann bewies – ein Genie wie Napoleon.

»Anstatt sich seinen beiden Gegenspielern zu widersetzen, lieferte er sich ihnen beiden plötzlich aus. Wie ein japanischer Ringkämpfer wich er zurück und seine beiden Gegner fielen der Länge nach zu seinen Füßen nieder. Er gab das Wettrennen rings um die Erde auf und dem jungen Antonelli seine Adresse; dann übergab er alles seinem Bruder. Er schickte Stephen Geld genug für elegante Kleidung und sorglose Reisen und einen Brief dazu, der in etwa besagte: ›Das ist alles, was noch übrig ist. Du hast mich total ausgeplündert. Ich besitze noch ein kleines Haus in Norfolk mit Dienerschaft und Keller und wenn du noch mehr von mir forderst, mußt du eben das nehmen. Komm und ergreife den Besitz, wenn es dir beliebt, und ich will ganz ruhig dort als dein Freund oder Verwalter oder was auch immer leben.‹ Er wußte, daß der Sizilianer die Brüder Saradine außer auf Bildern nie gesehen hatte; er wußte, daß sie einander etwas ähnlich sahen, da sie beide graue Spitzbärte trugen. Dann rasierte er sein Gesicht und wartete ab. Die Falle schlug zu. Der unglückliche Hauptmann in seinen neuen Kleidern betrat das Haus im Triumph als Prinz und rannte in das Schwert des Sizilianers.

»Es gab nur einen Haken und der spricht der menschlichen Natur zu Ehren. Böse Geister wie Saradine greifen oft daneben, weil sie nicht mit den menschlichen Tugenden rechnen. Er nahm wie selbstverständlich an, daß die Tat des Italieners aus dem Dunkel, mit Gewalt und ohne Zeugen kommen würde, wie die Tat, die sie rächen sollte, daß z. B. das Opfer bei Nacht erdolcht oder aus einer Hecke heraus niedergeschossen würde und stumm und ohne Umstände sterben würde. Es war ein schlimmer Moment für Prinz Paul, als Antonellis Ritterlichkeit ein förmliches Duell vorschlug, alles eingeschlossen, was das auch immer heißen mag. Das war die Situation, als ich sah, wie er sich wilden Blickes mit seinem Boot davon machte. Er floh in einem offenen Boot, um seine eigene Haut zu retten, noch bevor Antonelli erfahren sollte, wer er war. Aber bei aller Aufregung war er nicht ohne Hoffnung. Er kannte den Abenteurer und er kannte den Fanatiker. Es war recht wahrscheinlich, daß Stephen, der Abenteurer, seinen Mund halten würde, allein schon aus theatralischer Lust, eine Rolle zu spielen, aus Gier, sich an sein neues gemütliches Heim zu klammern, im Vertrauen des Schurken auf sein Glück und seine überlegene Fechtkunst. Es war sicher, daß Antonelli, der Fanatiker, seinen Mund halten und sich hängen lassen würde, ohne die Familiengeschichten auszugraben. Paul trieb sich auf dem Fluß herum, bis er wußte, daß der Kampf vorüber war. Dann alarmierte er das Dorf, holte die Polizei, sah seine beiden überwundenen Feinde für immer besiegt und setzte sich lächelnd zu seinem Abendessen nieder.«

»Lachend! Gott steh uns bei!« sagte Flambeau unter heftigem Schaudern. »Solche Ideen können nur vom Teufel eingegeben sein!«

»Nein, die Idee hatte er von Ihnen!« erwiderte der Priester.

»Gott behüte!« schoss Flambeau hervor. »Von mir? Was meinen Sie?«

Der Priester zog eine Visitenkarte aus der Tasche und hielt sie in das schwache Licht der Zigarre; sie war mit grüner Tinte beschrieben.

»Entsinnen Sie sich nicht seiner ursprünglichen Einladung an Sie?« fragte er, »und an das Kompliment für Ihre kriminelle Ausbeute, jenes Tricks, wie Sie den einen Detektiv durch den anderen verhaften ließen? Er hat ganz genau diesen Ihren Trick nachgemacht. Mit je einem Feind zu beiden Seiten schlüpfte er geschwind beiseite und ließ sie aufeinanderprallen und einander töten.«

Flambeau entriß Prinz Saradines Karte der Hand des Priesters und zerriß sie wütend in kleine Stücke.

»Das wars mit dem alten Piraten«, sagte er, während er die Stückchen auf den dunklen und schwindenden Wellen verstreute, »aber ich fürchte, die Fische vergiften sich daran.«

Der letzte Glimmer weißen Kartons und grüner Tinte versank und verschwand im Dunkel; eine schwache und pulsierende Färbung wie beim anbrechenden Tag überzog den Himmel und der Mond hinter dem Gras wurde bleicher. Schweigend trieben sie dahin.

»Pater«, fragte Flambeau plötzlich, »meinen Sie nicht, es war alles nur ein Traum?«

Der Priester schüttelte den Kopf, entweder aus Widerspruch oder aus Skepsis, aber er blieb stumm. Ein Duft von Weißdorn und Obstgärten wehte ihnen aus der Dunkelheit entgegen und sagte ihnen, daß noch ein Wind wach war; im nächsten Augenblick ließ er ihr kleines Boot schaukeln, füllte ihr Segel und trug sie durch die Windungen des Flusses weiter hinab zu glücklicheren Gefilden und zu den Häusern harmloser Menschen.

Der Hammer Gottes

Das kleine Dörfchen Bohun Beacon lag auf einem so steilen Hügel, daß seine hohe Kirchturmspitze sich wie ein kleiner Berggipfel ausnahm. Am Fuß der Kirche stand eine Schmiede, aus der gewöhnlich roter Feuerschein strahlte und die immer mit Hämmern und Eisenstücken übersät war. Auf der anderen Seite, jenseits einer primitiven Kreuzung gepflasterter Straßen lag das »Der Blaue Eber«, das einzige Wirtshaus des Ortes. An dieser Kreuzung trafen sich um die Zeit des blei- und silbergefärbten Tagesanbruchs zwei Brüder und sprachen miteinander; man muß dazu sagen, daß der eine seinen Tag begann und der andere den seinen beschloß. Der hochwürdige und ehrenwerte Wilfred Bohun war sehr fromm und befand sich auf dem Weg zu einer asketischen Gebetsübung oder Morgenkontemplation. Der ehrenwerte Oberst Norman Bohun, sein älterer Bruder, war alles andere als fromm und saß noch in Abendkleidung auf der Bank vor dem »Blauen Eber«. Er trank etwas, wobei es dem philosophischen Beobachter freisteht, es als sein letztes Glas am Dienstag, oder sein erstes am Mittwoch zu betrachten. Der Oberst selbst nahm das nicht so genau.

Die Bohuns waren eine der wenigen adligen Familien deren Linie sich wirklich bis ins Mittelalter zurückverfolgen lies und ihr Fähnlein hatte tatsächlich schon Palästina gesehen. Aber es ist ein großer Irrtum, anzunehmen, daß solche Häuser viel Wert auf ritterliche Tradition legen. Wenige, die Armen ausgenommen, pflegen die Traditionen. Aristokraten leben nicht nach der Tradition, sondern nach der Mode. Die Bohuns waren unter Königin Anna Raufbolde und unter Viktoria Weiberhelden gewesen. Aber wie nicht wenige der wirklich alten Häuser waren sie in den letzten zwei Jahrhunderten zu reinen Säufern und geckenhaft Degenerierten verkommen, bis sich sogar leise Anzeichen von Geisteskrankheit eingestellt hatten. Ganz sicher war an des Obersts wölfischer Jagd nach Vergnügungen kaum mehr etwas Menschliches und sein chronische Entschiedenheit, nicht vor Tagesanbruch nach Hause zu gehen, zeigte Anzeichen jener schrecklichen Klarheit, welche die Schlaflosigkeit mit sich bringt. Er war eine große und schöne Bestie, schon etwas älter, jedoch noch mit erstaunlich gelbem Haar. Er würde direkt blond und löwenhaft ausgesehen haben, lägen seine blauen Augen nicht so tief in den Höhlen, daß sie schwarz schienen. Auch standen sie ein wenig zu nahe beisammen. Ferner trug er einen sehr langen gelben Schnurrbart, zu dessen beiden Seiten sich je eine von den Nasenflügeln bis zum Kinn reichende Falte oder Furche herabzog, so daß ein höhnisches Grinsen in sein Gesicht geschnitten schien. Über seiner Abendkleidung trug er einen merkwürdigen hellgelben Mantel, der mehr wie ein sehr leichter Morgenmantel als wie ein Ausgehmantel aussah und auf seinem Hinterkopf steckte ein außergewöhnlich breitrandiger Hut von leuchtend grüner Farbe, sichtlich eine irgendwo zufällig erstandene orientalische Kuriosität. Bohun war stolz darauf, in einer nicht zusammenpassenden Aufmachung zu erscheinen, stolz darauf, diese Gegensätze immer als zusammenpassend erscheinen lassen zu können.

Sein Bruder, der Vikar, hatte das gleiche gelbe Haar und die gleiche Eleganz, aber er trug Schwarz und war bis zum Kinn zugeknöpft. Sein Gesicht war glattrasiert, gepflegt und ein wenig nervös. Er schien für nichts anderes als für seine Religion zu leben, aber es gab Leute, welche behaupteten (und dazu gehörte vor allem der presbyterianische Dorfschmied), es sei mehr Liebe zur gotischen Architektur als zu Gott, und sein ständiges geisterhaftes Herumspuken in der Kirche sei nur ein anderer und reinerer Ausdruck des beinahe krankhaften Durstes nach Schönheit, der seinen Bruder den Frauenzimmern und dem Wein nachjagen ließ. Diese Anschuldigung war jedoch zweifelhaft, denn die Frömmigkeit dieses Mannes war über jeden Zweifel erhaben. In der Tat war diese Anschuldigung meistens nichts anderes, als ein ignorantes Mißverständnis. Denn seine Liebe zur Einsamkeit und zu stillem Gebet führten dazu, daß man ihn oft kniend vorfand, allerdings nicht vor dem Altar, sondern an eigenartigeren Orten, in der Krypta oder auf der Galerie und selbst auf dem Glockenturm. Als er im Begriff war durch den Hof der Schmiede in die Kirche zu treten, blieb er stehen und runzelte ein wenig die Stirn, als er die hohlen Augen seines Bruders in dieselbe Richtung starren sah. Auf die Hypothese, daß der Oberst Interesse an der Kirche haben könnte, verschwendete er keinen Gedanken. Somit konnte nur die Behausung des Schmiedes in Frage kommen. Und wenngleich dieser Puritaner war und daher nicht zu seiner Gemeinde gehörte, hatte Wilfred Skandale über seine schöne und ziemlich beliebte Ehefrau gehört. Er warf dem Schuppen einen mißtrauischen Blick zu, und der Oberst stand lachend auf, um mit ihm zu sprechen.

»Guten Morgen, Wilfred«, sagte er. »Wie ein guter Junker wache ich schlaflos über meine Leute. Ich bin auf dem Weg den Schmied zu besuchen.«

Wilfred blickte zu Boden und erwiderte, der Schmied sei fort, hinüber nach Greenford.

»Ich weiß«, antwortete der Bruder still lachend, »eben deswegen will ich ihm einen Besuch abstatten.«

»Norman«, sagte der Geistliche, während sein Auge auf einem Kiesel ruhte, »fürchtest du dich nie vor Blitzschlägen?«

»Was meinst du damit?« fragte der Oberst. »Bist Du jetzt ein Hobbymeteorologe?«

»Ich meine«, sagte Wilfred ohne nach oben zu schauen »ob du nie bedacht hast, daß Gott dich auf offener Straße niederstrecken könnte?«

»Entschuldige«, antwortete der Oberst, »ich sehe, dein Steckenpferd sind Ammenmärchen.«

»Ich weiß, daß dein Hobby Gotteslästerung ist«, gab der Geistliche in der einen empfindlichen Stelle seiner Natur getroffen zurück. »Aber wenn du dich schon vor Gott nicht fürchtest, hast du doch wenigstens allen Grund, die Menschen zu fürchten.«

Der Ältere zog höflich die Brauen nach oben. »Die Menschen fürchten?« fragte er.

»Barnes, der Schmied ist der stärkste und größte Mann im Umkreis von vierzig Meilen«, warnte der Geistliche ernst. »Ich weiß, du bist kein Feigling oder Schwächling, aber er könnte dich über die Mauer werfen.«

Dieser Hieb saß, denn das stimmte, und die tiefe Linie um Mund und Nasenflügel trat noch schärfer und tiefer hervor. Einen Augenblick stand Oberst Bohun mit einem höhnischen Grinsen im Gesicht da. Doch im Nu hatte er seine alte grausame Gutmütigkeit wiedergefunden und lachte, wobei unter seinem gelben Schnurrbart zwei hundeartige Zähne hervortraten. »In diesem Fall, mein lieber Wilfred«, bemerkte er sorglos, »war es sehr klug vom letzten Bohun, teilweise in Rüstung auszugehen.«

Und er nahm den eigentümlich runden mit Grün überzogenen Hut ab und zeigte, daß er innen mit Stahl ausgekleidet war. Wilfred erkannte ihn tatsächlich als einen leichten japanischen oder chinesischen Helm, der von einer Trophäe aus dem alten Ahnensaal heruntergerissen worden war.

»Es war der nächstbeste Hut, der mir in die Hände fiel«, erklärte der Bruder leichthin. »Stets den nächsten Hut – und das nächste Weib.«

»Der Schmied ist nach Greenford hinüber«, meinte Wilfried ruhig, »es ist ungewiß, wann er zurückkehrt.«

Mit diesen Worten wandte er sich ab und trat, sich bekreuzigend, wie jemand, der von einem unreinen Geist befreit werden will, gebeugten Hauptes in die Kirche. Er sehnte sich danach, diese Widerlichkeiten im kühlen Zwielicht seiner hohen gotischen Bogengänge zu vergessen. Aber an diesem Morgen sollte es sich begeben, daß seine stille Runde religiöser Übungen immer wieder von kleinen Zwischenfällen aufgehalten werden sollte. Als er die eigentlich bis zu dieser Stunde stets leere Kirche betrat, erhob sich eilig eine kniende Gestalt und schritt in Richtung des vollen Tageslichtes am Haupteingang. Als der Vikar ihr gewahr wurde, blieb er überrascht stehen, denn der frühe Kirchgänger war niemand anderes als der Dorftrottel, ein Neffe des Schmiedes, der sich weder um die Kirche noch um etwas anderes kümmerte, oder sich zu kümmern überhaupt imstande war. Man pflegte ihn den »verrückten Joe« zu nennen und er schien keinen anderen Namen zu haben. Er war ein starker, vornübergebeugter Bursche mit einem wuchtigen, weißen Gesicht, dunklem, glattem Haar und stets offenem Mund. Als er an dem Geistlichen vorbeiging, gab sein Mondkalbgesicht keinen Hinweis darauf, was er getan oder gedacht haben mochte. Man hatte ihn noch nie beten gesehen. Welche Art Gebet sollte er jetzt gesprochen haben? Es waren sicherlich außergewöhnliche.

Wilfried Bohun stand lange wie angewachsen auf der Stelle und sah noch, wie der Idiot in den Sonnenschein hinaustrat und sogar wie sein ausschweifender Bruder ihn mit einer onkelartigen Heiterkeit begrüßte. Das letzte, was er sah, war, wie der Oberst Pfennigstücke nach Joes offenem Mund warf und den ernsthaften Anschein machte ihn treffen zu wollen.

Dieses häßliche sonnenbestrahlte Bild der Dummheit und Grausamkeit der Welt schickte den Asketen endgültig zu seinem Gebet um Reinigung und in Richtung neuer Gedanken. Er ging zu einer Kirchenbank in der Galerie hinauf, was ihn unter das von ihm geliebte farbiges Fenster brachte, und das immer sein Gemüt beruhigte, ein blaues Fenster mit einem lilientragenden Engel. Dort begann er, allmählich den bleichgesichtigen Idioten mit seinem Fischmaul zu vergessen. Mehr und mehr entfernten sich seine Gedanken auch von seinem bösen Bruder, der wie ein abgemagerter Löwe in seinem schrecklichen Heißhunger umherwanderte. Tiefer und tiefer versank er in jene kalten und süßen Farben von Silberblüten und saphirfarbenem Himmel.

An diesem Platz wurde er eine halbe Stunde darauf von Gibbs, dem Dorfschuster gefunden, der in Eile nach ihm geschickt worden war. Rasch erhob er sich, denn er wußte, daß eine Kleinigkeit Gibbs unter keinen Umständen hierher geführt hätte. Der Schuster war wie in vielen Dörfern ein Atheist und sein Erscheinen in der Kirche noch einen Grad außergewöhnlicher als das Erscheinen des verrückten Joe. Es war ein Morgen voller theologischer Rätsel.

»Was gibt es?« fragte Wilfred Bohun ziemlich steif, streckte aber zitternd die Hand nach dem Hut aus.

Der Atheist sprach in einem Ton, der aus seinem Mund ganz auffallend respektvoll und in diesem Fall sogar mitfühlend klang.

»Sie müssen mich entschuldigen, Sir«, sagte er heiser flüsternd, »aber wir dachten, es wäre nicht recht, Sie nicht sofort zu verständigen. Ich fürchte, es ist etwas ziemlich Schreckliches geschehen, Herr. Ich fürchte, Ihr Bruder –«

Wilfred ballte seine zarten Hände. »Welche Teufelei hat er nun ausgeheckt?« rief er in spontanem Zorn.

»Nein, Sir«, fuhr der Schuster hüstelnd fort, »ich fürchte, er hat nichts getan und wird auch nichts mehr tun. Ich fürchte, es ist aus mit ihm. Sie kommen besser mit runter, Sir.«

Der Vikar folgte dem Schuster eine kurze Wendeltreppe hinab, die sie zu einem Ausgang brachte, der etwas über der Straße gelegen war. Bohun erfaßte die Tragödie mit einem Blick; wie eine Karte, die sich vor ihm ausrollte. Im Hof der Schmiede standen fünf oder sechs meist in schwarz gekleidete Männer, einer in der Uniform eines Polizeiinspektors. Dazu gehörten auch noch der Doktor, der presbyterianische Pastor und der Priester von der römisch-katholischen Kapelle (zu der die Ehefrau des Schmiedes ging). Letzterer sprach gerade ziemlich rasch und halblaut auf die wunderschöne Frau mit dem rötlichgoldenen Haar ein, die sich schluchzend auf einer Bank niedergelassen hatte. Zwischen diesen beiden Gruppen und gerade abseits vom Haupthaufen der Hämmer lag mit ausgetreckten Gliedern ein Mann in Abendkleidung flach auf seinem Gesicht. Von der Erhöhung aus hätte Wilfried auf jede Einzelheit seines Kostüms und seiner Erscheinung, hinunter bis zu den Ringen der Bohun schwören können; der Schädel aber war nur ein gräßlicher Klecks, der einem Stern aus Schwärze und Blut glich.

Ein Blick genügte Wilfred Bohun, dann rannte er die Treppe in den Hofe hinunter. Der Doktor, der Hausarzt der Familie, begrüßte ihn, aber er schenkte ihm kaum Beachtung. Wilfred vermochte nur zu stammeln: »Mein Bruder ist tot! Was hat das zu bedeuten? Was ist das für ein entsetzliches Mysterium?«

Es folgte betroffenes Schweigen, bis der Schuster, der offenherzigste von allen, antwortete: »Sehr entsetzlich, Sir, aber kein großes Mysterium.«

»Was meinen Sie?« fragte Wilfred kreidebleich.

»Es ist glasklar«, erwiderte Gibbs. »Es gibt nur einen Mann im Umkreis von vierzig Meilen, der einen solchen Hieb hätte ausführen können und das ist auch der, der am meisten Grund dazu hatte.«

»Wir dürfen kein voreiliges Urteil fällen«, bemerkte der Doktor ziemlich nervös, ein großer schwarzbärtiger Mann. »Aber als Fachmann kann ich nur bestätigen, was Mr. Gibbs über die Natur des Schlags sagt, Sir, ein unglaublicher Schlag. Mr. Gibbs sagt, nur ein einziger Mann in diesem Bezirk könnte es getan haben. Ich für meinen Teil würde behaupten, daß niemand dazu imstande gewesen wäre.«

Ein abergläubiges Schaudern durchzuckte die schlanke Gestalt des Vikars. »Ich verstehe nicht«, sagte er.

»Mr. Bohun«, bemerkte der Doktor mit gedämpfter Stimme, »Meine Vergleiche sind hier vergebens. Es ist noch zu wenig gesagt, wenn ich behaupte, der Schädel wurde wie eine Eierschale in Stücke geschlagen. Knochenstücke wurden in den Körper und in den Boden getrieben wie Kugeln in eine Lehmmauer. Es war die Hand eines Riesen.«

Er schwieg einen Augenblick, blickte grimmig durch seine Brille, dann fuhr er fort: »Die Sache hat einen Vorteil, nämlich, daß die meisten Leute auf einen Schlag von allem Verdacht befreit sind. Würden Sie oder ich, oder irgendein normal gebauter Mann dieses Landes dieses Verbrechens angeklagt werden, müßte man ihn freisprechen wie man ein Kind freisprechen müßte, von der Anklage die Nelsonsäule gestohlen zu haben.«

»Genau das sage ich ja«, wiederholte der Schuster stur, »es gibt nur einen Menschen, der es getan haben kann und er ist der Mann, der es getan haben würde. Wo steckt Simeon Barnes, der Schmied?«

»Er ist hinüber nach Greenford«, stotterte der Vikar.

»Eher hinüber nach Frankreich«, brummte der Schuster.

»Nein, er ist an keinem dieser beiden Orte«, meldete sich eine leise und farblose Stimme, die dem kleinen katholischen Priesters gehörte, der sich zu der Gruppe gesellt hatte. »Tatsächlich kommt er soeben die Straße herauf.«

Der kleine Priester mit seinem Stoppelhaar und dem runden, phlegmatischen Gesicht war kein Mann, der die Blicke auf sich zog. Aber auch wenn er so glanzvoll wie Apoll gewesen wäre, so hätte ihn in diesem Augenblick niemand angeschaut. Alle drehten sich um und spähten auf den Fußpfad, der sich durch die Ebene unter ihnen schlängelte und den in der Tat Simeon der Schmied mit seinem ihm eigenen schweren Schritt und einem Hammer auf der Schulter entlang wanderte. Er war ein riesiger knochiger Mann mit tief-dunklen finsteren Augen und einem dunklen Kinnbart. Er ging, ruhig im Gespräch mit zwei anderen Männern, und obschon er niemals besonders frohgestimmt war, schien er dennoch ganz entspannt.

»Mein Gott«, rief der atheistische Schuster, »und da ist auch der Hammer, mit dem er es tat.«

»Nein«, bemerkte der Inspektor, ein verständig aussehender Mann mit sandfarben Schnurrbart, als er das erste Mal den Mund aufmachte. »Dort ist der Hammer, womit er es getan hat, drüben an der Kirchenmauer. Wir haben ihn und die Leiche gelassen, genau wie wir sie vorfanden.«

Alles blickte dorthin und der kleine Priester ging hinüber und betrachtete stumm das Werkzeug. Es war einer der kleinsten und leichtesten von den Hämmern und er würde unter den anderen kaum das Augenmerk auf sich gelenkt haben, doch an seiner Eisenkante klebte Blut und gelbes Haar.

Nach kurzem Schweigen sprach der kleine Priester ohne aufzublicken und seine matte Stimme hatte einen neuen Beiklang: »Mr. Gibbs hatte kaum recht, wenn er sagte, es gäbe kein Mysterium. Wir haben wenigstens das Rätsel, weshalb so ein Riese von Mann so einen furchtbaren Schlag mit einem so kleinen Hammer versuchen sollte.«

»Oh, das hat gar nichts zu sagen«, rief der Schuster eifrig. »Was soll mit Simeon Barnes geschehen?«

»Laßt ihn nur«, versetzte der Priester ruhig. »Er kommt von selbst hierher. Ich kenne die beiden, die bei ihm sind. Es sind sehr gute Leute aus Greenford und sie kommen in die presbyterianische Kapelle herüber.«

Gerade als er sprach, bog der große Schmied um die Ecke der Kirche und trat in seinen Hof. Dann blieb er still stehen und der Hammer fiel ihm aus der Hand. Der Inspektor, der sich seine undurchdringliche Unbefangenheit bewahrt hatte, trat sofort auf ihn zu.

»Ich will Sie nicht fragen, Mr. Barnes, ob Sie etwas darüber wissen, was hier vorgefallen ist. Sie sind nicht dazu verpflichtet, auszusagen. Ich hoffe, Sie wissen es nicht und sind imstande, das zu beweisen. Aber ich muß nun einmal der Form Genüge tun, und Sie im Namen des Königs wegen Mordes an Oberst Norman Bohun verhaften.«

»Sie sind nicht verpflichtet irgendetwas auszusagen«, sagte der Schuster in übereifriger Erregung. »Es muß alles erst bewiesen werden. Es ist noch nicht einmal erwiesen, daß es überhaupt Oberst Bohun ist, dessen Kopf so zermalmt ist.«

»Daran gibt es nicht zu zweifeln«, sagte der neben dem Priester stehende Doktor. »Sowas gibt es nur in Detektivgeschichten. Ich war der Hausarzt des Obersts und kannte seinen Körper besser als er selbst. Er hatte sehr zarte, aber ganz ungewöhnliche Hände. Die Mittel- und die Ringfinger waren von derselben Länge. Oh, es ist der Oberst, soviel ist sicher.«

Während er auf die kopflose Leiche am Boden niederblickte, die stählernen Augen des regungslosen Schmiedes folgtem ihm und blieben ebenfalls darauf haften.

»Ist Oberst Bohun tot?« fragte er ganz ruhig. »Dann ist er in der Hölle.«

»Sagen Sie nichts! Oh, sagen Sie gar nichts«, rief der atheistische Schuster, der in verzückter Bewunderung für das englische Justizwesen herumtänzelte. Denn niemand hängt so sehr am Buchstaben des Gesetzes, wie der gute Säkularist. Der Schmied kehrte ihm über seine Schulter das erhabene Gesicht eines Fanatikers zu.

»Es ist einfach für Euch Ungläubige, euch zu drücken wie die Füchse, weil ihr stets das weltliche Gesetz auf eurer Seite habt. Aber Gott wacht über die Seinen, das wird euch heute noch offenbar.« Dann deutete er auf den Oberst und fragte: »Wann starb der sündige Hund?«

»Mäßigt Eure Sprache«, mahnte der Doktor.

»Mäßigen Sie die Sprache der Bibel und ich mäßige die meine. Wann starb er?«

»Um sechs Uhr heute Morgen sah ich ihn noch lebend«, stammelte Wilfred Bohun.

»Gott ist gut«, sagte der Schmied. »Herr Inspektor, ich habe nicht das geringste dagegen einzuwenden, daß Sie mich festnehmen. Sie sind es, der etwas dagegen einzuwenden haben sollte. Mir liegt nichts daran, wenn ich den Gerichtssaal ohne einen Flecken auf meinem Charakter verlasse. Aber Ihnen ist es vielleicht nicht gleichgültig, wenn sie den Gerichtssaal mit einem schweren Rückschlag für Ihre Karriere verlassen.«

Zum ersten Mal blickte der Inspektor mit aufgewecktem Auge auf den Schmied, genau wie alle anderen das taten. Die einzige Ausnahme bildete der kleine seltsame Priester, der noch immer auf den kleinen Hammer starrte, der diesen furchtbaren Schlag getan hatte.

»Draußen stehen zwei Männer«, fuhr der Schmied mit schwerfälliger Deutlichkeit fort, »brave Kaufleute aus Greenford, die ihr alle kennt. Sie können beschwören, daß sie mich von kurz vor Mitternacht bis zum Tagesanbruch und auch später noch im Versammlungssaal unserer die ganze Nacht hindurch tätigen – so eifrig sind wir dabei, Seelen zu retten – Erweckungsmission sahen. In Greenford selbst können noch zwanzig weitere Personen einen Eid für die ganze Zeit ablegen, die ich dort verbrachte. Wäre ich ein Heide, Herr Inspektor, dann würde ich Sie in ihren Untergang rennen lassen. Aber als christlicher Mann fühle ich mich verpflichtet, Ihnen die Gelegenheit zu geben und Sie zu fragen, ob Sie mein Alibi jetzt gleich oder vor Gericht hören wollen.«

Der Inspektor schien zum ersten Mal verwirrt und meinte: »Natürlich wäre es mir lieber, Sie jetzt gleich laufen lassen zu können.«

Der Schmied begab sich mit den gleichen weitausholenden und lässigen Schritten vor seinen Hof und kehrte zu seinen beiden Freunden aus Greenford zurück, die tatsächlich auch mit fast allen Anwesenden gut befreundet waren. Jeder der beiden sprach ein paar Worte, die niemand auch nur im Geringsten bezweifeln mochte. Als sie gesprochen hatten, stand die Unschuld Simeons so fest, wie die Kirche hinter ihnen.

Ein Schweigen hatte die Gruppe befallen, das eigentümlicher und unerträglicher ist als jedes Gerede. Gedankenlos und nur um das Gespräch wieder in Gang zu bringen, sagte der Vikar zu dem katholischen Priester: »Sie scheinen sich sehr für diesen Hammer zu interessieren, Pater Brown.«

»Ja, das tue ich auch«, sagte dieser. »Weshalb ist es so ein kleiner Hammer?«

Der Doktor wandte sich ihnen zu.

»Wahrhaftig, das ist richtig«, rief er aus, »wer sollte sich einen so kleinen Hammer aussuchen, wenn zehn größere herumliegen?« Dann flüsterte er dem Vikar ins Ohr: »Nur eine Person die keinen großen Hammer heben kann. Es ist keine Frage des Stärkeunterschiedes zwischen Mann und Frau, es ist eine Frage der Hebekraft in den Schultern. Eine kräftige Frau könnte zehn Morde mit einem leichten Hammer begehen, ohne sich anzustrengen. Mit einem schweren Hammer könnte sie nicht einmal einen Käfer töten.«

Wilfred Bohun starrte ihn wie in hypnotisiertem Schrekken an, während Pater Brown, der den Kopf ein wenig zur Seite geneigt hatte, wirklich eingenommen und aufmerksam zuhörte. Dann fuhr der Doktor mit zischendem Nachdruck fort: »Weshalb nehmen diese Dummköpfe immer an, daß die einzige Person, die den Geliebten der Ehefrau haßt, der Ehemann sein müsse? In neun von zehn Fällen ist die Person, die den Geliebten einer Ehefrau am meisten haßt, die Ehefrau selbst. Wer weiß, was er ihr gegenüber an Unverschämtheit oder Verrat offenbart hat – da, sehen Sie.«

Er wies mit einer schnellen Bewegung zu der rothaarigen Frau auf der Bank. Sie hatte endlich den Kopf erhoben und die Tränen trockneten auf ihrem schönen Gesicht. Aber die

Augen fixierten die Leiche mit einem elektrischen Glanz, der etwas Schwachsinniges an sich hatte.

Reverend Wilfred Bohun machte eine schlaffe Handbewegung, so als ob er alle Wißbegier zur Seite wischen wollte. Pater Brown jedoch, der seinen Ärmel von Asche befreite, die der Glutofen aufgeblasen hatte, sprach in seiner teilnahmslosen Art.

»Sie sind wie so viele Doktoren.« sagte er. »Ihr Wissen über die geistigen Dinge ist wirklich anregend, aber Ihr Wissensstand der physikalischen ist ganz und gar unmöglich. Ich stimme Ihnen zu, daß die Frau den Liebhaber noch viel eher umbringen möchte, als der Betrogene selbst. Und ich gebe zu, daß eine Frau stets nach einem kleinen Hammer greifen wird, anstatt nach einem großen. Aber die Schwierigkeit liegt in der physischen Unmöglichkeit. Keine Frau hätte den Schädel eines Mannes so zu Brei schlagen können!« Nach einer kurzen Pause der Besinnung fügte er nachträglich hinzu: »Diese Leute haben es immer noch nicht ganz begriffen. Der Mann trug eigentlich einen Eisenhelm und der Schlag zersplitterte diesen wie Glas. Sehen Sie doch die Frau an, schauen sie auf ihre Arme!«

Wieder standen sie alle stumm da, bis der Doktor recht trotzig zugab: »Nun ja, ich mag unrecht haben; Einwände kann man gegen alles vorbringen, aber am Hauptpunkt halte ich doch fest. Niemand außer einem Idioten würde nach einem kleinen Hammer greifen, wenn er einen großen zur Hand hätte.«

Als er das vernommen hatte fuhr sich Wilfred Bohun mit seinen schlanken und zitternden Händen an den Kopf und raufte sich die spärlichen gelben Haare. Einen Augenblick später ließ er die Arme fallen und rief: »Das war das richtige Wort; Sie haben es ausgesprochen.« Und seine Aufregung überwindend fuhr er fort: »Ihre Worte waren, ›niemand außer einem Idioten würde nach dem kleinen Hammer greifen‹.«

»Ja«, bestätigte der Doktor. »Und?«

»Nun«, sagte der Vikar, »Niemand anderer als ein Idiot tat es.«

Die anderen blickten ihn mit großen gefesselten Augen an und er fuhr in fieberhafter und geradezu hysterischer Aufregung fort.

»Ich bin ein Priester«, rief er unsicher, »und ein Priester soll kein Blut vergießen. Ich – ich meine, er soll niemand an den Galgen liefern. Und ich danke Gott, daß ich den Verbrecher jetzt klar erkenne – denn er ist ein Verbrecher, den man nicht hängen darf.«

»Sie werden seinen Namen nicht nennen?« fragte der Doktor.

»Er würde nicht gehenkt, selbst wenn ich seinen Namen nennen würde«, antwortete Wilfred mit wildem und eigentümlich zufriedenem Lächeln. »Als ich diesen Morgen die Kirche betrat, betete dort ein Schwachsinniger – der arme Joe, der sein Leben lang nicht ganz bei Trost war. Weiß Gott, was er betete, aber bei solch seltsamen Leuten kann man annehmen, daß ihre Gebete genauso durcheinander sind wie sie selbst. Sehr wahrscheinlich würde ein Verrückter beten, bevor er einen Menschen tötet. Als ich den armen Joe das letzte Mal sah, war er bei meinem Bruder. Und mein Bruder hänselte ihn.«

»Um Himmels willen«, rief der Doktor, »jetzt kommt die Wahrheit heraus! Aber wie erklären Sie –«

Reverend Wilfred bebte fast vor Erregung über seinen kurzen Moment der Wahrheit. »Sehen Sie nicht? Sehen Sie nicht«, rief er wie im Fieber, »daß dies die einzige Theorie ist, welche beide sonderbaren Dinge erklärt, die beide Rätsel löst! Die beiden Rätsel sind der kleine Hammer und der gewaltige Schlag. Dem Schmied hätte man den gewaltigen Schlag zutrauen können, aber er hätte dazu nicht den kleinen Hammer gewählt. Seine Ehefrau hätte den kleinen Hammer gewählt, aber sie hätte den gewaltigen Schlag nicht auszuführen vermocht. Aber der Idiot hätte beides vermocht. Was den kleinen Hammer betrifft – nun, der Mann war wahnsinnig und hätte ebensogut nach irgendetwas anderem greifen können. Und was den gewaltigen Schlag anbelangt, Doktor, so hat man doch schon oft gehört, daß ein Wahnsinniger in einem Anfall die Stärke von zehn Männern aufbringen kann.«

Tief einatmend gab der Doktor nach. »Meine Güte, ich glaube, Sie haben recht.«

Pater Brown hatte den Sprecher lange und nachhaltig fixiert und man hätte meinen können, daß er prüfe, ob dessen große ochsenähnlichen Augen doch nicht so nichtssagend waren, wie der Rest seines Gesichts. Als niemand mehr sprach, bemerkte er mit betontem Respekt: »Mr. Bohun, ihre Theorie ist die einzige wirklich wasserdichte und unangreifbare Theorie. Ich glaube, sie verdienen es, daß man Ihnen sagt, daß sie nach meiner Kenntnis der Sachlage nicht zutreffen kann.« Und damit entfernte sich der alte kleine Mann und starrte wieder auf den Hammer.

»Der Bursche scheint mehr zu wissen, als er sollte«, flüsterte der Doktor Wilfred gereizt zu. »Diese papistischen Priester sind verdammt schlitzohrig.«

»Nein, nein«, beharrte Bohun erschöpft, »es war der Verrückte. Es war der Verrückte«

Die beiden Geistlichen und der Doktors standen etwas abseits der offizielleren Gruppe, welche aus dem Inspektor und dem Verhafteten bestand. Jetzt aber, da ihr Verein sich aufgelöst hatte, hörten sie die Stimmen der anderen. Der Priester blickte ruhig auf und wieder nieder, während er den Schmied mit lauter Stimme sagen hörte: »Ich hoffe, ich habe Sie überzeugt, Herr Inspektor. Ich bin ein starker Mann, wie Sie sagen, aber von Greenford bis hierher hätte auch ich meinen Hammer nicht schleudern können. Mein Hammer hat sich auch keine Flügel wachsen lassen, um eine halbe Meile über Hecken und Felder geflogen zu kommen.«

Der Inspektor lachte gutmütig. »Nein, ich denke, Sie sind entlastet, obwohl es einer der sonderbarsten Zufälle ist, der mir je untergekommen ist. Ich kann Sie nur bitten, uns jede Ihnen mögliche Hilfe zu leisten, einen Mann zu finden, der so groß und so stark ist wie Sie selbst. Wahrhaftig, wir könnten Sie vielleicht brauchen, und wenn es nur darum geht, ihn festzusetzen. Sie selbst haben wohl keine Vermutung, wer es sein könnte?«

»Ich hätte wohl eine Vermutung«, gab der bleiche Schmied zur Antwort, »aber es ist kein Mann.« Dann, als er sah, wie sich die erschrockenen Blicke zu seiner Ehefrau auf der Bank wendeten, legte er seine mächtige Hand auf ihre Schulter und fügte hinzu »– und auch keine Frau.«

»Was meinen Sie damit?« fragte der Inspektor scherzhaft. »Sie glauben doch nicht, daß Kühe Hämmer benutzen? Oder doch?«

»Ich denke, kein Wesen aus Fleisch und Blut hielt diesen Hammer«, sagte der Schmied mit erstickter Stimme; »Mit den Worten eines Sterblichen gesprochen: Der Mann starb allein.«

Wilfred machte plötzlich eine Vorwärtsbewegung und sah ihn mit glühenden Augen an.

»Wollen Sie damit sagen, Barnes«, ertönte die scharfe Stimme des Schusters dazwischen, »daß der Hammer ganz von selbst aufsprang und den Mann niederstreckte?«

»Oh, meine sehr geehrten Herren, starrt nur und lacht«, rief Simeon, »ihr Kleriker, die ihr uns Sonntags erzählt, wie der Herr in der Einsamkeit den Sanherib niederstreckte. Ich glaube, daß der Eine, der unsichtbar in jedem Heim wandelt, die Ehre meines Hauses verteidigt hat und den Verführer tot vor die Schwelle legte. Ich glaube, die Kraft jenes Schlages war die Kraft, aus denen die Erdbeben sind und keine geringere.«

Mit gänzlich unbeschreiblicher Stimme bemerkte Wilfred: »Ich selbst sagte noch zu Norman, er möge sich vor dem Blitzschlag in Acht nehmen.«

»Dies liegt außerhalb meiner Amtsgewalt«, meinte der Inspektor sachte lächelnd.

»Aber Sie stehen nicht außerhalb der *Seinen*, sehen Sie sich also vor.« antwortete der Schmied und indem er ihm seinen breiten Rücken zukehrte, ging er in sein Haus.

Der erschütterte Wilfred ließ sich von Pater Brown wegführen. »Verlassen wir diesen schrecklichen Ort, Mr. Bohun«, lud er ihn freundlich ein. »Darf ich mir Ihre Kirche ansehen? Ich höre, es ist eine der ältesten Englands. Sie wissen ja«, fügte er mit scherzender Miene hinzu, »wir haben ein gewisses Interesse an alten englischen Kirchen.«

Wilfred Bohun lächelte nicht, denn Humor war nie seine Stärke gewesen. Aber er stimmte eifrig zu, nur allzu gerne bereit, die gotische Pracht seiner Kirche jemandem vorzuführen, der vermutlich mehr damit anfangen könnte als der presbyterianische Schmied oder der atheistische Schuster.

»Auf jeden Fall«, sagte er, »lassen sie uns doch gleich von dieser Seite aus hineingehen.« Und er ging auf den hohen Seiteneingang oberhalb der Stufen zu. Pater Brown war gerade im Begriff die erste Stufe zu nehmen, als er eine Hand auf seiner Schulter fühlte. Er wandte sich um und erblickte die düstere dünne Gestalt des Doktors. Sein Gesicht war vom Mißtrauen erfüllt und noch finsterer als sonst.

»Sir«, sagte der Arzt barsch, »Sie scheinen einige Geheimnisse dieser dunklen Geschichte zu kennen. Darf ich fragen, ob Sie beabsichtigen, sie für sich zu behalten?«

»Nun, Herr Doktor«, antwortete der Priester ganz freundlich lächelnd, »es gibt einen sehr guten Grund, warum ein Mann meines Berufs Dinge für sich behalten sollte, wenn er sich ihrer *nicht* sicher ist, weil es ja es eben seine höchste Pflicht ist, sie für sich zu behalten, wenn er sich ihrer sicher *ist.* Wenn Sie aber meinen, ich sei gegen Sie oder gegen irgendjemand anderen unhöflich verschwiegen gewesen, so will ich tun was ich kann und gebe Ihnen zwei sehr deutliche Hinweise.«

»Nun?« fragte der Doktor finster.

»Erstens«, erklärte der Priester in aller Seelenruhe, »die Sache liegt innerhalb Ihres Zuständigkeitsbereichs. Es handelt sich um ein Problem der Physik. Der Schmied irrt, vielleicht nicht, weil er sagt, der Schlag sei göttlichen Ursprunges, aber sicher deshalb, weil er ihn für ein Wunder hält. Es war kein Wunder, Doktor, außer insofern, daß der Mensch an sich, mit seinem seltsamen, boshaften, aber dennoch halb-heroischen Herzen ein Wunder ist. Die Kraft, die diesen Schädel zertrümmerte, war eine die den Gelehrten wohlbekannt ist – sie gehört zu den bekanntesten Naturgesetzen.«

Der Doktor, der ihn mit stirnrunzelnder Aufmerksamkeit betrachtete, sagte nur. »Und der andere Hinweis?«

»Der andere Hinweis ist der Folgende: Erinnern Sie sich, wie der Schmied trotz seines Wunderglaubens spöttisch von dem unmöglichen Märchen sprach, daß sein Hammer Flügel bekäme und eine halbe Meile über Land flöge?«

»Ja, ich entsinne mich«, sagte der Doktor.

»Nun, jenes Märchen kam von all dem, was heute gesagt wurde, der Wahrheit am nächsten.« Und damit kehrte er ihm wieder den Rücken zu und stapfte hinter dem Vikar die Treppe hinauf.

Reverend Wilfred, der bleich und unruhig auf ihn gewartet hatte, als würde ihm diese kleine Verzögerung den Rest gegeben haben, führte ihn sofort zu seinem Lieblingswinkel in der Kirche, jenem Teil der Galerie, der der gemeißelten Decke am nächsten und im Licht des wunderbaren Fensters mit dem Engel lag. Der kleine Priester besah und bewunderte alles ausgiebig und sprach die ganze Zeit über freundlich, doch mit gedämpfter Stimme. Als er im Verlauf seiner Untersuchungen auf den Seitenausgang und die Wendeltreppe traf, über welche Wilfred hinabgeeilt war, um den Tod seines Bruder feststellen zu müssen, rannte Pater Brown mit der Geschicklichkeit eines Affen nicht etwa hinunter, sondern hinauf, und seine klare Stimme ertönte von einer äußeren Plattformen.

»Kommen Sie hier herauf, Mr. Bohun. Die Luft wird Ihnen gut tun.«

Bohun folgte ihm und trat auf eine Art steinerne Galerie oder Balkon außerhalb des Gebäudes. Von dort aus konnte man die grenzenlose Ebene, aus der sich dieser kleine Hügel erhob, in Wäldern am Horizont entschwindend und mit Dörfern und Gütern übersät, überblicken. Unter ihnen lag deutlich und viereckig, jedoch winzig klein der Hof der Schmiede, wo der Inspektor noch stand, Notizen machte und die Leiche noch wie eine zermalmte Fliege am Boden lag.

»Könnte die Weltkarte sein, nicht wahr?« meinte Pater Brown.

»Ja«, stimmte Bohun sehr ernst zu und nickte.

Unmittelbar unter ihnen und um sie herum stürzten sich die Linien des gotischen Bauwerks mit einer selbstmörderischen, schwindelerregenden Schnelligkeit nach außen ins Leere. Es gibt ein Element titanenhafter Energie in der mittelalterlichen Architektur, das stets zu entschwinden scheint, von wo auch immer man es betrachtet. Diese Kirche war aus altem und schweigendem Stein gehauen, mit Bärten aus Pilzen und Schwämmen versehen und mit den Nestern der Vögel besudelt. Und doch, als sie sie von unten betrachteten, warf sie sich wie eine Fontäne zu den Sternen empor, während sie nun, von oben betrachtet, wie ein Wasserfall in den stummen Abgrund stürzte. Diese beiden Männer auf dem Turm waren mit der schrecklichsten Seite der Gotik alleingelassen: der ungeheuren Verkürzung und Verkehrung der Proportionen, den schwindelerregenden Perspektiven, dem Anblick großer Gegenstände, die sich winzig, und winziger, die sich groß darstellten; ein Durcheinander aus Stein, das mitten in der Luft zu hängen schien. Durch ihre Nähe gewaltig wirkende steinerne Details hoben sich gegen ein, in der Ferne zwergenhaft wirkendes Muster, von Feldern und Höfen ab. Ein gemeißelter Vogel oder eine Bestie in einer Ecke erschien wie ein riesiger kriechender oder fliegender Drache, der die Weiden und Dörfer dort unten verwüstet. Die ganze Atmosphäre war schwindelerregend und gefährlich, als würde der Mensch von wirbelnden Schwingen kolossaler Geister in der Luft gehalten. Diese ganze alte Kirche, so hoch und reichverziert wie eine Kathedrale, schien wie ein Wolkenbruch auf dem sonnenbeschienenen Land zu sitzen.

»Ich finde, es ist recht gefährlich, an solch hohen Orten zu stehen, selbst um zu beten«, begann Pater Brown. »Höhen sind dazu da, daß man zu ihnen aufblickt, nicht von ihnen herab.«

» Sie meinen, man könnte fallen?« fragte Wilfred.

»Ich meine, daß die Seele fallen könnte, wenn schon nicht der Leib«, erwiderte der Priester.

»Ich verstehe Sie nicht ganz«, bemerkte Bohun undeutlich.

»Sehen Sie z. B. diesen Schmied«, fuhr Pater Brown fort, »ein guter Mann, aber kein Christ – hart, gebieterisch, unnachsichtig. Nun, seine schottische Religion wurde von Menschen erdacht, die von Hügeln und hohen Klippen beteten. Sie lernten dabei auf die Erde herunter zu schauen und nicht zum Himmel über Ihnen.

Demut ist die Mutter der Riesen. Vom Tal aus sieht man große Dinge, aber nur kleine Dinge vom Gipfel.«

»Aber er – er hat es nicht getan«, sagte Bohun zitternd.

»Nein«, entgegnete sein Gegenüber mit seltsamer Stimme, »wir wissen, daß er es nicht war.«

Einen Moment ließ er den Blick seiner hellgrauen Augen ruhig über die Ebene hingleiten, um dann fortzufahren: »Ich kannte einen Mann, der früher mit den anderen zusammen vor dem Altar betete, dann aber eine Vorliebe für hohe und einsame Orte entwickelte, eine Vorliebe in Ecken oder Nischen des Kirchturm oder des Kirchdachs zu beten. Und einmal verdrehte sich an einem jener schwindelerregenden Orte, wo sich die ganze Welt unter ihm wie ein Rad zu drehen schien, auch sein Verstand und er bildete sich ein, er wäre Gott. Und so beging er, obwohl er ein guter Mann war, ein großes Verbrechen.«

Wilfreds Gesicht war abgewandt, doch seine knochigen Hände liefen blau und weiß an, während sie die steinerne Brüstung umklammerten.

»Er dachte, es sei seine Aufgabe, über die Welt zu richten und den Sünder niederzustrecken. Nie wäre ihm ein solcher Gedanke gekommen, wäre er kniend mit anderen Menschen unten am Boden geblieben. Er aber sah alle Menschen unter sich, winzig wie Insekten. Einen insbesondere sah er unmittelbar unter sich umherstolzieren, unverschämt und an seinem grünen Hut erkennbar – ein giftiges Insekt.«

Krähen krächzten um die Pfeiler des Glockenturms, aber es war nichts weiter zu hören, bis Pater Brown fortfuhr.

»Auch führte ihn in Versuchung, daß er über eine der furchtbarsten Kräfte der Natur verfügte, ich meine die Schwerkraft, jene wahnsinnige, sich beschleunigende Kraft, durch die alle Geschöpfe der Erde, sobald losgelassen, zurück in ihr Herz gezogen werden. Sehen Sie, da spaziert der Inspektor gerade unter uns in der Schmiede. Würde ich einen Kieselstein über das Geländer werfen, besäße er die Kraft einer Gewehrkugel, bis er unten angekommen wäre. Nähme ich einen Hammer – selbst einen kleinen Hammer –«

Wilfred Bohun warf ein Bein über die Brüstung, doch Pater Brown faßte ihn mit fester Hand am Kragen.

»Nicht durch diese Pforte«, sagte er ganz höflich, »diese Pforte führt zur Hölle.«

Bohun stolperte gegen die Mauer zurück und starrte ihn entsetzten Auges an.

»Wie wissen Sie das alles?« schrie er. »Sind Sie ein Teufel?«

»Ich bin ein Mensch«, erwiderte Pater Brown sehr ernst, »und habe daher alle Teufel in meinem Herzen. Hören Sie mir zu«, sagte er nach einer kurzen Pause. »Ich weiß, was Sie getan haben oder wenigstens kann ich mir den größten Teil davon denken. Als Sie Ihren Bruder verließen, waren Sie von einem nicht unberechtigten Zorn erfaßt, so groß, daß Sie nach einem kleinen Hammer griffen, beinahe geneigt, ihn und seine Schamlosigkeit auf der Stelle totzuschlagen. Als Sie sich wieder gefaßt hatten, verbargen Sie den Hammer unter Ihrem Rock und eilten damit in die Kirche. Da beten Sie verwirrt an verschiedenen Orten, unter dem Engelfenster, auf der Plattform darüber und auf einer noch höheren Stelle, von der Sie den orientalischen Hut des Obersts wie den Rücken eines grünen Käfers umherkrabbeln sahen.

Dann riß etwas in Ihrer Seele und Sie ließen Gottes Donnerkeil fallen.«

Wilfred fuhr sich mit schwacher Hand an den Kopf und fragte mit ebenso schwacher Stimme: »Woher wußten Sie, daß sein Hut wie ein grüner Käfer aussah?«

»Oh, das sagt mir nur mein gesunder Menschenverstand. Aber hören Sie weiter. Ich sage, ich weiß all das, aber niemand anderes soll es erfahren. Der nächste Schritt ist der Ihre; ich werde keine weiteren unternehmen und alles mit dem Beichtsiegel verschließen. Wenn Sie fragen, weshalb, so gibt es viele Gründe dafür, doch nur einen, der Sie betrifft. Ich überlasse es Ihnen, denn Sie sind noch nicht sehr lange vom rechten Weg abgekommen, so wie ein richtiger Attentäter es wäre. Sie halfen nicht mit, das Verbrechen dem Schmied anzulasten, oder seiner Frau, als sie das leicht gekonnt hätten. Sie suchten es dem Schwachsinnigen in die Schuhe zu schieben, denn Sie wußten, daß er nicht dafür zu büßen hätte. Das war einer der Lichtpunkte, und es ist meine Aufgabe, diese in Mördern zu finden. Kommen Sie hinunter ins Dorf und nehmen Sie Ihren eigenen Weg, frei wie der Wind, denn ich habe nichts mehr zu sagen.«

In tiefem Schweigen stiegen sie die Wendeltreppe hinunter und traten in das helle Sonnenlicht. Wilfred Bohun öffnete sorgfältig die hölzerne Zauntür zur Schmiede und sagte, indem er auf den Inspektor zutrat: »Ich möchte mich stellen; ich habe meinen Bruder getötet.«

Das Zeichen des zerbrochenen Schwertes

Die tausend Arme des Waldes waren grau und seine Millionen Finger wie Silber. Am dunkelgrün-blauen Schiefer des Himmels funkelten die Sterne frostig und klar wie Eissplitter. Der ganze dicht bewachsene und spärlich besiedelte Landstrich war in bitterem, hartem Frost erstarrt. Die schwarzen Zwischenräume der Stämme sahen wie bodenlose schwarze Höhlen der skandinavischen Hölle aus, einer Hölle von unermeßlicher Kälte. Selbst der viereckige Steinturm der Kirche blickte so nordisch drein, daß es an Heidentum grenzte; er sah aus, als wäre er irgendein barbarischer Turm inmitten der seeumspülten Felsen Islands. Es war eine sonderbare Nacht, um einen Friedhof zu erkunden. Andererseits aber lohnte sich vielleicht die Mühe der Erkundung.

Er stieg jäh aus dem aschgrauen Ödland aus Wald empor, wie eine Art Höcker oder Schulter grünen Rasens, der im Sternenlicht grau aussah. Die meisten Gräber lagen am Hang, und der zur Kirche führende Pfad war so steil wie eine Treppe. Auf der Spitze des Hügels, dem einzigen ebenen und prominenten Platz stand das Monument, welches den Ort so berühmt machte. Es bildete einen merkwürdigen Kontrast zu all den schmucklosen Gräbern ringsum, denn es war das Werk eines der größten Bildhauer des modernen Europas; dennoch war sein Ruhm sofort in Vergessenheit geraten durch den

Ruhm des Mannes, den er abgebildet hatte. Der kleine Silberstift des Sternenlichts zeichnete die massive Bronzegestalt eines liegenden Soldaten, die starken Hände wie zu einem ewigen Gebet geschlossen, das große Haupt auf einem Gewehr gestützt. Das ehrwürdige Gesicht zeigte Barthaar oder vielmehr einen Schnurrbart in der alten wuchtigen Manier des Oberst Newcome. Die Uniform, wenngleich nur mit wenigen einfachen Strichen angedeutet, war die des modernen Krieges. Zu seiner Rechten lag ein Schwert mit abgebrochener Spitze, zur Linken eine Bibel. An heißen Sommernachmittagen kamen Aussichtswägen voll von Amerikanern und gebildeten Vorstädtern, um das Grabmal zu besichtigen; doch selbst dann kam ihnen das weite Waldgelände mit seiner einen plumpen Kuppel aus Kirchhof und Kirche seltsam stumm und verwahrlost vor. In dieser eisigen Dunkelheit tiefsten Winters konnte es einem so vorkommen, als wäre man allein mit den Sternen. Dennoch knarrte ein hölzernes Tor in der Stille dieses erstarrten Waldes und zwei verschwommene schwarze Gestalten erklommen den schmalen Pfad zum Grabmal.

Das kalte Sternenlicht war so schwach, daß man an den beiden fast nichts ausmachen konnte, außer, daß sie schwarz trugen und der eine enorm groß und der andere (vielleicht durch den Kontrast) auffallend klein war. Sie stiegen zu dem großen Grabmal des historischen Kriegers hinauf und starrten es einige Minuten an. Weit und breit gab es kein menschliches, ja vielleicht kein lebendes Wesen, und eine morbide Vorstellungskraft könnte sich wohl fragen, ob sie selbst menschlich waren. Wie dem auch sei, der Beginn ihrer Unterhaltung mochte sonderbar anmuten. Nach dem ersten Schweigen sagte der kleine Mann zu dem anderen:

»Wo versteckt der Weise einen Kieselstein?«

Und der Große antwortete leise: »Am Strand.«

Der kleine Mann nickte und nach kurzem Schweigen fragte er weiter: »Wo versteckt der Weise ein Blatt?«

Und der andere antwortete: »Im Wald.«

Es gab ein abermaliges Schweigen und dann fuhr der Große fort:«

Meinen Sie, daß man sich erzählt, daß ein Weiser einen richtigen Diamanten in einem Haufen falscher verstecken würde?«

»Nein, nein«, sagte der Kleine lachend, »wir wollen das Vergangene ruhen lassen.«

Er stampfte ein paarmal auf seinen kalten Füßen hin und her und sagte dann: »Daran denke ich überhaupt nicht, sondern, an etwas anderes, ziemlich seltsames. Wären sie vielleicht so freundlich und zünden ein Streichholz an?«

Der Große kramte in seiner Tasche und mit einem Streich tauchte ein kleiner Schimmer die ganze flache Seite des Denkmales in Gold. Auf ihr waren in schwarzen Buchstaben die wohlbekannten Worte eingraviert, die so viele Amerikaner ehrfurchtsvoll gelesen hatten: »Geweiht dem Andenken des Generals Sir Arthur St. Clare, Held und Märtyrer, welcher stets seine Feinde besiegte und sie stets verschonte, und schließlich verräterisch von ihnen gemordet ward. Möge Gott, auf den er vertraute, ihn belohnen und rächen.«

Das Zündholz verbrannte die Finger des großen Mannes, erlosch und fiel nieder. Er war im Begriff, ein zweites anzuzünden, doch sein kleiner Gefährte hielt ihn zurück.

»Schon gut, Flambeau, alter Freund; ich habe gesehen, was ich sehen wollte, oder vielmehr, ich habe nicht gesehen, was ich nicht sehen wollte. Nun müssen wir anderthalb Meilen die Straße entlang bis zum nächsten Gasthaus laufen, und ich werde versuchen, Ihnen alles zu erklären. Gott weiß, daß man ein wärmendes Feuer und ein Glas Bier braucht, um eine solche Geschichte zu erzählen.«

Sie stiegen den steil abfallenden Pfad hinab, ließen das verrostete Tor wieder einrasten und stampften klirrenden Schrittes den gefrorenen Waldweg hinunter.

Sie waren bereits eine gute Viertelmeile gegangen, ehe der Kleinere wieder das Wort ergriff. Er sagte: »Ja, der Weise versteckt einen Kieselstein am Strand. Aber was tut er, wenn er keinen Strand hat? Wissen Sie etwas über die große St. Clare-Affäre?«

»Ich weiß gar nichts über englische Generäle, Pater Brown«, antwortete der Große lachend, »wenn auch einiges über englische Polizisten. Ich weiß nur, daß Sie mich auf eine lange Wanderung mitgeschleppt haben. Zu all den Schreinen dieses Kerls, wer immer er auch sein mag. Man möchte meinen, er liegt an sechs verschiedenen Orten begraben. Ich habe in der Westminsterabtei ein Grabmal des Generals St. Clare gesehen, ich habe auf dem Uferdamm ein Reiterstandbild des Generals St. Clare gesehen, ich sah ein Bild des Generals St. Clare in Medaillenform in der Straße, wo er geboren wurde und ein zweites in der, wo er gelebt hat, und jetzt schleppen Sie mich im Dunkeln zu seinem Totenschrein auf dem Dorfkirchhof. Ich werde seiner großartigen Persönlichkeit ein bisschen müde, besonders da ich nicht im Mindesten weiß, wer er war. Nach was suchen Sie in all diesen Grüften und Denkmälern?«

»Ich suche nur nach einem einzelnen Wort«, erwiderte Pater Brown, »einem Wort, das nicht da ist.«

»Nun«, fragte Flambeau, »wollen Sie mir etwas davon erzählen?«

»Die Sache hat zwei Teile«, bemerkte der Priester. »Da ist zuerst das, was alle Welt weiß, und dann das, was ich weiß. Nun ist, was alle Welt weiß, kurz und recht einfach. Aber es ist auch vollkommen falsch.«

»Recht haben Sie«, sagte der Große namens Flambeau fröhlich. »Fangen wir am falschen Ende an. Fangen wir mit dem an, was alle wissen und was nicht wahr ist.«

»Wenn schon nicht gänzlich unwahr, so ist es zumindest sehr unzureichend«, fuhr Brown fort; »denn tatsächlich läuft alles, was die Öffentlichkeit weiß, auf folgendes hinaus: Die Öffentlichkeit weiß, daß Arthur St. Clare ein großer und erfolgreicher englischer General war. Man weiß, daß er nach glanzvollen, doch immer umsichtig durchgeführten Feldzügen in Indien und Afrika den Oberbefehl gegen Brasilien führte, als der große brasilianische Patriot Olivier ihm ein Ultimatum stellte. Man weiß, daß St. Clare in dieser Situation mit einer sehr kleinen Armee Oliviers sehr starke Armee angriff und nach heroischem Widerstand gefangen genommen wurde. Und man weiß, daß St. Clare nach seiner Gefangennahme zum Entsetzen der zivilisierten Welt am nächsten Baum aufgeknüpft wurde. Man fand ihn nach dem Rückzug der Brasilianer hängend mit seinem zerbrochenen Schwert um den Hals.«

»Und diese allbekannte Geschichte ist falsch?« fragte Flambeau.

»Nein«, antwortete sein Freund ruhig, »diese Geschichte geht soweit ziemlich in Ordnung.«

»Nun, ich meine, sie geht weit genug!« entgegnete Flambeau; »wenn aber das, was man sich allgemein erzählt, wahr ist, worin besteht dann das Geheimnis?«

Mehrere hundert graue und gespenstische Bäume zogen an Ihnen vorüber, ehe der kleine Priester antwortete. Er kaute nachdenklich auf seinem Finger und begann:

»Nun, das Geheimnis ist eines der Psychologie. Oder vielmehr ist es ein Geheimnis zweier Psychologien. In jener brasilianischen Angelegenheit handelten zwei der berühmtesten

Männer der modernen Zeit vollkommen ihrem Charakter zuwider. Bedenken Sie, Olivier und St. Clare waren ohne Zweifel Helden – es ist die ganz alte Geschichte; es war wie der Kampf zwischen Hektor und Achilles. Was würden Sie nun sagen, wenn sich Achilles auf einmal ängstlich und Hektor heimtückisch verhält?«

»Und weiter?« sagte der Große ungeduldig, als der andere wieder auf seinem Finger kaute.

»Sir Arthur St. Clare war ein Soldat vom alten, frommen Schlag; jenem Schlag, der uns während des Aufstands rettete«, fuhr Brown fort. »Er war stets mehr für die Pflicht als für das Wagnis; und bei all seinem persönlichen Mut war er entschiedenermaßen ein vorsichtiger Befehlshaber, besonders dafür bekannt, ungehalten über jede nutzlose Verschwendung von Soldatenleben zu sein. Und doch unternahm er in dieser letzten Schlacht etwas, dessen Absurdität selbst ein Kleinkind erkannt hätte. Man muß kein Stratege zu sein, um einzusehen, daß das ungestüm und undurchdacht war; ebenso wie man kein Stratege sein muß, um sich nicht einem Bus in den Weg zu stellen. Nun, das ist das erste Geheimnis: was war mit dem Kopf des englischen Generals geschehen? Das zweite Rätsel: was war mit dem Herzen des brasilianischen Generals geschehen? Olivier mag als Präsident entweder als ein Visionär oder als ein Ärgernis bezeichnet werden, aber selbst seine Feinde gaben zu, daß er großmütig und ritterlich bis zum Grad eines Don Quichotte war. Nahezu jeder andere, den er je gefangen nahm, war freigelassen oder sogar mit Wohltaten überhäuft worden. Solche, die ihm wirklich Unrecht zugefügt hatten, kehrten zurück, gerührt von seiner Reinheit und Herzlichkeit. Weshalb in aller Welt sollte er also ein einziges Mal in seinem Leben in so teuflischer Weise Rache nehmen und noch dazu für diesen einen Kampf, der ihn gar nicht verletzt haben konnte? Da haben Sie es also. Einer der klügsten Menschen der Welt handelte ohne jeglichen Grund wie ein Idiot. Und einer der besten Menschen der Welt handelte ohne jeglichen Grund wie ein Schurke. Das ist der langen Rede kurzer Sinn; alles weitere überlasse ich Ihnen, mein Junge.«

»Nein, das tun Sie nicht«, lehnte jener schnaubend ab. »Ich überlasse es Ihnen und Sie werden mir hübsch die ganze Geschichte erzählen.«

»Nun«, fuhr Pater Brown fort, »es ist nicht fair von mir, wenn ich sage, der öffentliche Eindruck bestünde nur aus dem, was ich erzählt habe, ohne hinzuzufügen, daß seitdem zwei Dinge geschehen sind. Ich kann nicht behaupten, daß sie ein neues Licht auf die Sache warfen, denn niemand kann aus ihnen klug werden. Aber sie warfen ein neues Dunkel über die Sache. Ein Dunkel, daß sich in eine andere Richtung ausbreitet. Das erste war dies: Der Hausarzt der St. Clares überwarf sich mit der Familie und begann eine Reihe scharfer Artikel zu veröffentlichen, in denen er behauptete, der verstorbene General wäre ein religiöser Fanatiker gewesen; aber soviel wie man daraus erfuhr, schien das nur in etwa zu besagen, daß er eben ein religiöser Mann war. Jedenfalls war das Geschwätz bald eingeschlafen. Jedermann wußte natürlich, daß St. Clare einige Verschrobenheiten puritanischer Frömmigkeit an sich hatte. Der zweite Vorfall erregte weit mehr Aufsehen. Bei dem glücklosen und sich selbst überlassenen Regiment, welches jenen Überfall am Black River machte, befand sich ein gewisser Hauptmann Keith, der damals mit St. Clares Tochter verlobt war und sie nachher heiratete. Er war unter jenen, die von Olivier gefangen genommen wurden und wie die übrigen mit Ausnahme des Generals offenbar großzügig behandelt und nachher unverzüglich freigelassen worden zu sein schienen. An die zwanzig Jahre später veröffentlichte dieser Mann, nunmehr Oberstleutnant Keith, eine Art Autobiographie unter dem Titel ›Ein britischer Offizier in Birma und Brasilien‹. An der Stelle, wo der Leser mit Spannung irgendeinen Bericht über das Geheimnis von St. Clares Verhängnis sucht, finden sich nur die Worte: ›Das ganze Buch hindurch habe ich die Dinge genau so erzählt, wie sie geschahen, da ich die altmodische Meinung vertrete, Englands Ruhm sei alt genug, um auf sich selbst aufzupassen. Die Ausnahme, die ich machen sollte, bezieht sich auf die Niederlage am Black River, und meine Gründe dafür sind wenngleich privat so doch ehrbar und zwingend. Ich will jedoch, um dem Andenken zweier berühmter Männer Gerechtigkeit widerfahren zu lassen, folgendes hinzufügen: General St. Clare ist der Inkompetenz in dieser Situation angeklagt worden; ich kann nur erklären, daß dieses Unternehmen, richtig verstanden, eines der glänzendsten und scharfsinnigsten seines Lebens war. Präsident Olivier wird auf ähnliche Weise grausamer Ungerechtigkeit angeklagt. Ich glaube es der Ehre eines Feindes zu schulden, wenn ich sage, daß er bei dieser Gelegenheit sogar noch mehr als sonst nach seiner ihm charakteristischen guten Gesinnung handelte. Um die Sache leichtverständlich auszudrücken, kann ich meinen Landsleute versichern, daß St. Clare keineswegs ein solcher Narr und Olivier keineswegs ein solcher Unmensch war, wie es den Anschein hatte. Das ist alles, was ich zu sagen habe; und kein irdischer Beweggrund wird mich veranlassen, dem ein Wort hinzuzufügen.«

Ein großer gefrorener Mond, einem glänzenden Schneeball gleich, begann sich durch das Gewirr von Ästen vor ihnen zu zeigen und bei seinem Licht war es dem Erzähler möglich gewesen, seiner Erinnerung an Hauptmanns Keiths Text durch ein Blatt bedruckten Papiers nachzuhelfen. Als er es zusammenfaltete und in seine Tasche zurücksteckte, erhob Flambeau seine Hände und macht eine französische Geste.

»Warten Sie, warten Sie kurz«, rief er erregt. »Ich glaube, ich kann es auf Anhieb erraten.«

Er schritt voran, schwer atmend und den schwarzen Kopf und den Stiernacken vorwärts geschoben wie ein Mann der dabei ist ein Wettgehen zu gewinnen. Der kleine Priester, den dies gleichzeitig belustigte und interessierte, hatte einige Mühe, neben ihm her zu traben. Gerade vor ihnen traten die Bäume zur Rechten wie zur Linken etwas zurück und der Weg senkte sich durch ein klares, mondbeleuchtetes Tal, bis er wieder wie ein Kaninchen in der Wand eines weiteren Gehölzes verschwand. Der Eingang des weiter weg gelegenen Waldes schien klein und rund wie das schwarze Loch eines fernen Eisenbahntunnels. Aber er lag nur ein paar hundert Meter entfernt und gähnte sie wie eine Höhle an, ehe Flambeau wieder das Wort ergriff.

»Ich hab's«, rief er endlich, mit seiner großen Hand auf seinen Oberschenkel klatschend. »Nur vier Minuten Nachdenken und ich kann Ihnen Ihre ganze Geschichte selbst erzählen.«

»Also gut«, stimmte sein Freund zu, »erzählen Sie sie.«

Flambeau erhob den Kopf aber senkte seine Stimme.

»General Sir Arthur St. Clare«, begann er, »entstammte einer Familie, in welcher der Wahnsinn erblich war, und alles was er wollte, war, dies vor seiner Tochter und wenn möglich auch vor seinem künftigen Schwiegersohn geheim zu halten. Ob zu Recht oder Unrecht, glaubte er, daß der endgültige Zusammenbruch bevorstand, und beschloß Selbstmord zu begehen. Doch hätte ein gewöhnlicher Selbstmord eben verraten, was er zu verbergen trachtete. Kurz vor dem Feldzug vernebelte sich sein Geist mehr und mehr und schließlich opferte er in einem Augenblick des Wahnsinns die Pflicht zugunsten privater Interessen. Er stürzte sich Hals über Kopf in den Kampf, hoffend durch die erste Kugel zu fallen. Als er feststellte, daß er nur Gefangenschaft und Schande erzielt hatte, explodierte die verborgene Bombe in seinem Hirn; er zerbrach sein eigenes Schwert und erhängte sich.«

Er starrte gebannt auf die große Front aus Wald vor ihm mit der einen schwarzen Öffnung darin, als wäre sie der Zugang zum Grab, zu dem ihr Pfad führte. Vielleicht verstärkte etwas Bedrohliches in diesem so plötzlich verschluckten Pfad seine lebhafte Vision der Tragödie, denn er schauderte.

»Eine entsetzliche Geschichte!« schloß er.

»Eine entsetzliche Geschichte«, wiederholte der Priester gesenkten Hauptes, »aber nicht die wahre Geschichte.« Dann warf er mit einer gewissen Verzweiflung den Kopf zurück und rief: »Oh, ich wünschte, es wäre so gewesen.«

Der große Flambeau wandte sich um und starrte ihn an.

»Ihre ist eine saubere Geschichte«, rief Pater Brown tief ergriffen. »Eine liebliche, unschuldige, ehrbare Geschichte, so offen und weiß wie dieser Mond. Wahnsinn und Verzweiflung sind etwas recht Unschuldiges. Es gibt Schlimmeres, Flambeau!«

Flambeau blickte wild zu dem so beschworenen Mond hoch und von da, wo er stand, krümmte sich ein großer schwarzer Ast wie ein Teufelshorn darüber.

»Pater – Pater«, rief er mit der französischen Geste und noch rascher voranschreitend, »meinen Sie, es war noch schlimmer als das?«

»Schlimmer noch als das«, kam es vom Kleinen wie mit einem Grabesecho zurück. Und sie tauchten in die schwarze Säulenhalle des Waldes ein, der sich wie ein düsterer Wandteppich von Stämmen, wie ein finsterer Korridor in einem Traum, zu ihren beiden Seiten hinzog.

Bald befanden sie sich in den geheimnisvollsten Eingeweiden des Waldes und fühlten sich von nahem Laub umgeben, das sie aber nicht sehen konnten, als der Priester wieder anfing zu sprechen:

»Wo versteckt der Weise ein Blatt? Im Wald. Aber was tut er, wenn er keinen Wald hat?«

»Was denn?« rief Flambeau gereizt, »was tut er?«

»Er pflanzt einen Wald«, beantwortete der Priester mit düsterer Stimme die eigene Frage. »Eine furchtbare Sünde!«

»Hören Sie«, rief sein Freund ungeduldig, denn der düstere Wald und das düstere Gerede zehrten ihm ein wenig an den Nerven. »Werden Sie mir die Geschichte erzählen oder nicht? Auf welche anderen Beweise kann man sich noch stützen?«

»Es gibt noch drei weitere Indizien«, erklärte der andere, »die ich in Löchern und Winkeln aufgestöbert habe und ich werde sie lieber in logischer als in chronologischer Reihenfolge präsentieren. Vor allem sind unsere Quelle für den Verlauf und Ausgang der Schlacht natürlich Oliviers eigene Aufzeichnungen, welche an Klarheit nichts zu wünschen übrig lassen. Er hatte sich mit zwei oder drei Regimentern auf den zum Black River abfallenden Anhöhen verschanzt, dessen anderes Ufer niedrigeres und sumpfigeres Gelände bildete. Jenseits desselben wiederum stieg das Land sanft an und dort stand der erste englische Vorposten, der von anderen unterstützt wurde. Diese lagen jedoch mit beträchtlichem Abstand in seinem Rücken. Die britischen Truppen waren im Ganzen genommen zahlenmäßig außerordentlich überlegen, aber dieses eine Regiment stand gerade weit genug von seiner Basis entfernt, um Olivier den Plan erwägen zu lassen, den Fluß zu überschreiten und es abzuschneiden. Bei Sonnenuntergang hatte er sich jedoch entschlossen, seine eigene, besonders starke Stellung zu halten. Am nächsten Morgen mußte er bei

Tagesanbruch entgeistert feststellen, daß diese Handvoll gänzlich von ihrer Nachhut abgeschnittenen Engländer den Fluß überschritten hatte, die eine Hälfte mittels einer Brücke zur Rechten und die andere Hälfte weiter oben durch eine Furt, und sich im Sumpfgelände unterhalb seiner Stellung festgesetzt hatte. Daß sie bei dieser Anzahl auf eine solche Stellung einen Angriff wagen sollten, war schon unglaublich genug; doch Olivier bemerkte etwas noch Ungewöhnlicheres. Denn anstatt zu versuchen, festeren Boden zu gewinnen, tat dieses wahnwitzige Regiment, das den Fluß so flink überwunden hatte, nichts Geringeres, als dort im Schlamm stekken zu bleiben, wie Fliegen im Sirup. Es versteht sich von selbst, daß die Brasilianer mit ihrer Artillerie große Lücken in die Reihen rissen, worauf jene nur ein mutiges, aber nachlassendes Gewehrfeuer zu erwidern vermochten. Doch sie hielten sich, und Oliviers kurzer Bericht schließt mit bewundernder Anerkennung für die geheimnisvolle Tapferkeit dieser Schwachsinnigen. ›Unsere Linien rückten dann endlich vor‹, schreibt Olivier, ›und trieben sie in den Fluß; wir nahmen General St. Clare selbst und mehrere andere Offiziere gefangen. Der Oberst und der Major waren beide im Kampf gefallen. Ich kann nicht umhin, auszusprechen, daß man in der Geschichte nur selten einen ausgezeichneteren Anblick angetroffen haben kann wie den letzten Widerstand dieses außerordentlichen Regimentes; verwundete Offiziere ergriffen die Gewehre gefallener Soldaten und der General selbst stand uns entblößten Hauptes zu Pferd und mit zerbrochenem Schwert gegenüber.‹ Über das, was mit dem General dann weiter geschah, schweigt sich Olivier ebenso aus, wie Hauptmann Keith.«

»Gut«, grunzte Flambeau, »machen wir mit dem nächsten Indiz weiter.«

»Das nächste Indiz zu finden«, sagte Pater Brown, »kostete mich etwas Zeit, ist aber umso schneller erzählt. Ich fand schließlich in einem Armenhaus in den Lincolnshire Mooren einen alten Soldaten, der nicht nur am Black River verwundet worden war, sondern tatsächlich neben dem Oberst des Regiments gekniet hatte, als dieser starb. Es handelt sich um einen gewissen Oberst Clancy, ein wahrer Bulle von einem Irländer, und es scheint, daß er fast ebenso sehr an seiner Wut, wie an den feindlichen Kugeln starb. Jedenfalls trug er in keinster Weise Verantwortung für diesen lächerlichen Angriff; er muß ihm vom General aufgebürdet worden sein. Seine letzten erbaulichen Worte waren nach der Aussage meines Informanten: ›Und da geht er hin der verfluchte alte Esel mit seinem abgeschlagenen Schwert. Ich wünschte es wäre sein Kopf!‹ Es muß Ihnen auffallen, daß alle dieses Detail der abgebrochenen Schwertklinge bemerkt zu haben scheinen, obwohl die meisten darin etwas Ehrenwerteres erblicken, als der verstorbene Oberst Clancy. Und nun zum dritten Bruchstück.«

Ihr Pfad durch den Wald begann anzusteigen und der Erzähler hielt ein wenig an, um Atem zu schöpfen, ehe er weiter schritt. Dann fuhr er in dem gleichen sachlichen Ton fort:

»Erst vor ein paar Monaten starb in England ein brasilianischer Beamter, der mit Olivier in Streit geraten war und sein Land verlassen hatte. Er war sowohl hier wie auf dem Festland eine wohlbekannte Erscheinung, ein Spanier namens Espado. Ich habe ihn selbst gekannt, ein gelbgesichtiger alter Dandy mit einer Hakennase. Aus verschiedenen persönlichen Gründen hatte ich die Erlaubnis, die von ihm hinterlassenen Dokumente einzusehen. Er war natürlich Katholik und ich war während seiner letzten Stunden bei ihm. Es gab nichts unter seinen Sachen, was irgendwie ein neues Licht auf die dunkle St. Clare-Geschichte geworfen hätte, außer fünf oder sechs gewöhnlichen Schreibheften, gefüllt mit den Tagebuchaufzeichnungen eines englischen Soldaten. Ich kann nur vermuten, daß die Brasilianer sie bei einem der Gefallenen gefunden hatten. Jedenfalls brachen sie am Vorabend der Schlacht plötzlich ab.

Doch der Bericht über jenen letzten Tag im Leben dieses armen Burschen war wirklich lesenswert. Ich habe ihn bei mir, aber es ist zu dunkel, um ihn hier verlesen, also werde ich Ihnen eine Zusammenfassung geben. Der erste Teil der Eintragungen ist mit Scherzen gespickt, die wie es scheint seitens der Männer jemanden zum Gegenstand hatten, den man den Geier nannte. Es hat nicht den Anschein als wäre diese Person, wer sie auch gewesen sein mag, einer von ihnen gewesen, oder überhaupt ein Engländer; auch ist von ihm nicht wie von einem Feind die Rede. Es klingt vielmehr so, als wäre er irgendein dort ansässiger Verbindungsmann, ein Nicht-Kombattant; vielleicht ein Führer oder ein Journalist. Er steckte wohl oft mit dem alten Oberst Clancy die Köpfe zusammen, wurde aber weit öfter mit dem Major im Gespräch gesehen. In der Tat tritt der Major in der Erzählung des Soldaten ziemlich hervor, ein hagerer, dunkelhaariger Mann, anscheinend, ein gewisser Murray, Nordirländer und Puritaner. Es finden sich fortwährend Späße über den Gegensatz zwischen der Strenge dieses Nordiren und der Geselligkeit Oberst Clancys. Man kann auch einige Witze über die lebhaft gefärbte Kleidung des Geiers darin lesen.

Doch alle diese Albernheiten sind wie weggeblasen, man möchte fast sagen durch das Tönen eines Signalhorns. Hinter dem englischen Lager und fast parallel zum Fluss zog sich eine der wenigen Hauptstraßen dieses Bezirks hin. Gegen Westen bog sie zum Fluß ab, und überquerte diesen mit der zuvor erwähnten Brücke. Ostwärts zog sich die Straße in die Wildnis zurück und führte in etwa zwei Meilen Entfernung zum nächsten englischen Vorposten. Aus dieser Richtung kam an jenem Abend ein Klirren und Klappern von leichter Kavallerie die Straße entlang, in welchem selbst der einfache Tagebuchschreiber zu seinem Staunen den General mit seinem Stab erkennen konnte. Er ritt den großen Schimmel, den Sie so oft in illustrierten Zeitungen und in Schulbüchern gesehen haben; und Sie können sich sicher sein, daß der Gruß, der ihn empfing, keine bloße Zeremonie war. Er zumindest verlor keine Zeit mit Zeremonien, sondern sprang sofort aus dem Sattel, trat unter die Offiziere und begann ein nachdrückliches, jedoch vertrauliches Gespräch. Was unserem Freund, dem Tagebuchschreiber, am meisten auffiel, war seine besondere Neigung, sich mit Major Murray zu besprechen; aber in der Tat war eine solche Bevorzugung, solange sie nicht zu ausgeprägt war, keineswegs unnatürlich. Die beiden Männer waren für gegenseitige Sympathie wie geschaffen; sie waren Männer, welche ›ihre Bibeln lasen‹, sie waren beide Offiziere vom alten bibeltreuen Typus. Wie dem auch sei, ist soviel sicher, daß der General, als er wieder zu Pferd stieg, noch in ernsthaftem Gespräch mit Murray steckte, und daß, als er mit seinem Pferd langsam zum Fluß hinabstieg, der große Nordire immer noch in ernsthafter Diskussion neben seinem Zügel einherschritt. Die Soldaten beobachteten die beiden, bis sie hinter einer Baumgruppe verschwanden, von wo aus die Straße zum Fluß hinab führte. Der Oberst war zu seinem Zelt zurückgekehrt und die Männer zu ihren Feldposten; der Mann mit dem Tagebuch verweilte noch vier Minuten und sah etwas ganz Wunderliches.

»Das große weiße Pferd, welches langsam den Weg hinab marschierte, wie es in so vielen Festzügen marschiert war, riß plötzlich herum und galoppierte ihnen entgegen die Straße hoch, als wollte es mit allem Einsatz ein Wettrennen gewinnen. Anfangs glaubten sie, es sei mit seinem Reiter durchgegangen, doch bald sah man, daß der General, ein gewandter Reiter, es selbst zu vollem Galopp anspornte. Roß und Reiter jagten ihnen wie ein Wirbelwind entgegen, dann wandte der General ihnen sein flammendes Gesicht zu und rief die Zügel straff anziehend mit einer Stimme, wie die Posaune die die Toten weckt.

Ich kann mir vorstellen, daß die erschütternden Umstände dieser Katastrophe den Verstand eines Menschen, wie unser Freund der Tagebuchschreiber einer ist, zusammenstürzen lassen können. Mit der wirren Erregung eines Träumenden sahen sie sich in Reih und Glied fallen – buchstäblich fallen – und hörten, daß sofort über den Fluß hinüber angegriffen werden solle. Der General und der Major, so hieß es, hatten an der Brücke irgendetwas herausgefunden und es war nur noch Zeit, um auf Gedeih oder Verderb anzugreifen. Der Major hatte sich unverzüglich auf der Straße umgewandt, um die Reserven zu rufen, aber es war fraglich, ob die Hilfe trotz des zeitnahen Aufrufs noch zur rechten Zeit eintreffen konnte. Noch in dieser Nacht mußten sie den Fluß überschreiten und am Morgen den Sturm auf die Höhen unternehmen. Und mit jenem Drunter und Drüber dieses romantischen Nachtmarsches bricht das Tagebuch plötzlich ab.«

Pater Brown war vorangestiegen, denn der Waldweg wurde schmäler, steiler und gewundener, bis es sich schließlich anfühlte als würden sie eine Wendeltreppe hinaufsteigen. Die Stimme des Priesters kam von oben aus der Dunkelheit.

»Es gab noch ein andere kleine und ungeheure Sache. Als der General sie zu ihrem ritterlichen Angriff drängte, zog er seinen Säbel halb aus der Scheide und wie beschämt von einer solch melodramatischen Geste stieß er ihn wieder zurück. Sie sehen, wiederum das Schwert!«

Schwaches Licht brach durch das Geflecht der Äste und Zweige über ihnen, und warf ihnen den Schatten eines gespenstischen Netzes um die Füße, denn sie stiegen nun wieder in der matten Helligkeit der reinen Nacht hinan. Flambeau empfand die Wahrheit rings um ihn herum wie etwas Greifbares, dem er aber trotzdem nicht habhaft werden konnte. Er antwortete verwirrt: »Nun, was ist denn nun mit dem Schwert? Offiziere tragen doch für gewöhnlich Schwerter, oder nicht?«

»Sie finden im modernen Krieg selten Erwähnung«, sagte der andere leidenschaftslos, »aber in dieser Geschichte stolpert man immer und überall über das vielgepriesene Schwert.«

»Nun, und was hat es damit auf sich?« brummte Flambeau.

»Es war ein ganz alltäglicher Zwischenfall, daß das Schwert des Alten in seiner letzten Schlacht zerbrach. Jeder hätte wetten können, daß die Zeitungen so etwas ausbeuten würden, und sie taten es auch. Auf all diesen Grabmälern und dergleichen ist er mit seiner abgebrochenen Spitze abgebildet. Ich hoffe, Sie haben mich nicht auf diese Polarexpedition mitgeschleppt, nur weil zwei Männer mit guten Augen St. Clares zerbrochenes Schwert gesehen haben?«

»Nein«, rief Pater Brown so scharf, daß es wie ein Pistolenschuß klang, »aber wer hat sein *unzerbrochenes* Schwert gesehen?«

»Was meinen Sie damit?« rief der andere und blieb im Licht der Sterne stehen. Unvermittelt waren sie aus den Toren des grauen Walds herausgetreten. »Ich sagte, wer sah sein *unzerbrochenes* Schwert?« wiederholte Pater Brown hartnäckig.

»Keinesfalls der Verfasser des Tagebuchs, denn der General steckte es noch rechtzeitig in die Scheide.«

Flambeau blickte im Mondschein um sich wie ein Mann, der vom Sonnenlicht geblendet wurde, und sein Freund geriet zum ersten Mal in Erregung.

»Flambeau«, rief er. »ich kann es nicht beweisen, selbst nach meiner Jagd durch die Grabstätten nicht. Aber ich bin mir sicher, lassen Sie mich nur noch eine winzige Tatsache hinzufügen, die der ganzen Sache eine vollkommen neue Tendenz gibt. Der Oberst war durch einen merkwürdigen Zufall einer der ersten, den eine feindliche Kugel niederstreckte. Er fiel noch lange bevor die Truppen aufeinanderstießen. Doch er sah St. Clares Schwert zerbrochen. Weshalb war es zerbrochen? Wie wurde es zerbrochen? Mein Freund, es wurde vor der Schlacht zerbrochen!«

»Oh«, sagte dieser halb im Scherz, »aber bitte, wo ist das andere Stück?«

»Das kann ich Ihnen sagen«, erwiderte der Priester ohne zu zögern. »In der Nordostecke des Friedhofes der protestantischen Kathedrale zu Belfast.«

»Wirklich? Haben Sie danach gesucht?«

»Ich konnte nicht«, gestand Pater Brown mit aufrichtigem Bedauern. »Es steht ein großes Marmordenkmal darauf, ein Denkmal zu Ehren des heldenhaften Major Murray, der ruhmvoll kämpfend in der berühmten Schlacht am Black River fiel.«

Flambeau schien plötzlich wie durch einen elektrischen Schlag ins Leben zurückgerufen. »Sie meinen«, rief er barsch, »General St. Clare haßte Murray und ermordete ihn auf dem Schlachtfeld, weil –«

»Sie stecken immer noch voll des Guten und voll reiner Gedanken. Es war schlimmer als das!«

»Nun«, gestand der Große, »Mein Reservoir an böser Einbildungskraft ist aufgebraucht.«

Der Priester schien wirklich in Verlegenheit zu sein, wo er beginnen sollte und fragte endlich von neuem:

»Wo würde ein Weiser ein Blatt verstecken? Im Wald.«

Der andere antwortete nicht.

»Und wenn er keinen Wald hätte, würde er einen pflanzen. Und wenn er ein totes Blatt verstecken wollte, würde er einen toten Wald pflanzen.«

Noch immer kam keine Antwort, so daß der Priester noch milder und noch ruhiger hinzufügte: »Und wenn ein Mensch eine Leiche verstecken müßte, würde er ein Feld von Leichen pflanzen, um sie dort zu verstecken.«

Flambeau begann energisch voranzustampfen, unwillig Zeit oder Raum zu verlieren. Doch Pater Brown erzählte weiter, als vollende er nur den letzten Satz.

»Sir Arthur St. Clare war, wie ich schon sagte, ein Mann, der seine Bibel las. Das war sein Problem. Wann werden es die Leute endlich begreifen, daß es einem Menschen nichts nutzt, seine Bibel zu lesen, wenn er nicht auch die der anderen liest? Ein Buchdrucker liest die Bibel wegen der Druckfehler. Ein Mormone liest seine Bibel und findet darin Vielweiberei; ein Anhänger der christlichen Wissenschaft liest sie und findet, daß wir weder Arme noch Beine haben. St. Clare war ein alter anglo-indischer protestantischer Soldat. Nun stellen Sie sich einmal vor, was das bedeuten könnte, aber um Himmels willen, lassen Sie die Heuchelei beiseite! Es handelte sich vielleicht um einen Mann der ein vorzügliches Leben führt, der sich in einer orientalischen Gesellschaft und unter tropischem Himmel, ohne Vernunft oder Anleitung an einem orientalischen Buch vollsaugt. Selbstverständlich las er das Alte Testament lieber als das Neue. Selbstverständlich, denn er fand darin alles was er wollte – Wollust, Tyrannei, Verrat. Oh, ich wage sogar zu sagen, daß er rechtschaffen war, wie man sagt. Aber was hilft es, wenn ein Mann im Dienste der Unanständigkeit rechtschaffen ist?

In jedem der heißen und verschwiegenen Länder, wohin dieser Mann auch kam, hielt er sich einen Harem, folterte er Zeugen und häufte in schandvoller Weise Gold an; gewiß aber würde er festen Blickes versichert haben, er tue es zur Ehre des Herrn. Meine eigene Theologie genügt sich mit der Frage: welches Herrn? Jedenfalls hat es mit solchen Schlechtigkeiten die Bewandtnis, daß sie eine Tür nach der anderen in der Hölle öffnen und in immer kleinere und kleinere Kammern führen. Darin besteht der eigentliche Einwand gegen das Verbrechen, daß ein Mensch nicht wilder und roher, sondern nur immer noch gemeiner wird. St. Clare erstickte nur allzu bald in Schwierigkeiten mit Bestechung und Erpressung und hatte immer mehr und immer noch mehr Geld nötig. Und zur Zeit der Schlacht am Black River war er bis zu der Stufe abgefallen, welche bei Dante die allerunterste des Universums ist.«

»Was meinen Sie?«, fragte sein Freund wieder.

»Das meine ich«, gab der Geistliche zurück und wies plötzlich auf eine eingefrorene Pfütze, die im Mondlicht glänzte. »Erinnern Sie sich, wen Dante in den letzten Eiskreis steckt?«

»Die Verräter«, antwortete Flambeau schaudernd. Als er in der unmenschlichen Baumlandschaft mit ihren spöttischen, fast obszönen Umrissen umherblickte, konnte er sich fast vorstellen, Dante zu sein, und der Priester mit seiner vor sich hinplätschernden Stimme war in der Tat ein Vergil, der ihn durch ein Land ewiger Sünden geleitete.

Die Stimme fuhr fort: »Olivier war, wie Sie wissen, eine Don-Quichotte-Natur und ließ keinerlei Geheimdienst oder Spione zu. Doch dies wurde, wie so viele andere Dinge auch, dennoch hinter seinem Rücken betrieben. Mein alter Freund Espado war es, der das erledigte; er war der auffällig gekleidete Dandy, dessen Hakennase ihm den Spitznamen Geier eingebracht hatte. Indem er sich als einen Menschenfreund an der Front ausgab, schlängelte er sich durch die englischen Reihen und traf so schließlich auf dessen – Gott bewahre! – einzigen, korrupten Mann, den Mann an der Spitze. St. Clare brauchte dringend Geld, Berge von Geld. Der diskreditierte Hausarzt drohte mit jenen Enthüllungen, welche später auch begannen, dann aber abgebrochen wurden, Geschichten von unerhörten und geradezu vorsintflutlichen Dingen, die sich in Park Lane abgespielt hatten, Dinge, die von einem bibeltreuen Engländern verübt wurden, die nach Menschenopfer und Horden von Sklaven rochen. Geld hatte er auch für die Mitgift seiner Tochter nötig, denn der Ruhm, den der Reichtum mit sich bringt, war für ihn ebenso süß wie der Reichtum an sich. Er griff nach dem letzten Strohhalm und ließ Information bis nach Brasilien durchsickern, und der Reichtum strömte herbei von Englands Feinden. Aber noch ein anderer hatte mit Espado dem Geier, gesprochen. Irgendwie war der finstere, grimmige junge Major aus Nordirland der schrecklichen Wahrheit auf die Spur gekommen, und als sie zusammen langsam den Weg zur Brücke hinuntergingen, erklärte Murray dem General, er müsse entweder sofort den Oberbefehl niederlegen oder er würde vor ein Kriegsgericht gestellt und erschossen. Der General suchte ihn hinzuhalten, bis sie an jenen Rand der Tropenbäume bei der Brücke kamen, und an dem plätschernden Fluß unter den sonnenbeschienenen Palmen (ich sehe das Bild vor mir) zog der General den Säbel und stieß ihn dem Major in den Leib.«

Der winterliche Pfad bog in schneidendem Frost über eine mit schwarzen Schreckgestalten aus Gebüsch und Dickicht bewachsene Höhe, doch Flambeau glaubte, jenseits davon schwach die Ränder einer Korona zu erkennen, die weder von Sternen- noch Mondlicht stammte, sondern zu einem menschengemachten Feuer zu gehören schien. Er beobachtete es, während die Erzählung ihrem Ende zueilte.

»St. Clare war ein Höllenhund, aber er war ein Hund von Rasse. Nie, das schwöre ich Ihnen, war er so klar bei Verstand und so stark, wie in dem Moment, als der arme Murray wie eine kalte Masse zu seinen Füßen lag. In keinem seiner Triumphe, wie Hauptmann Keith sehr richtig sagt, war der großartige Mann so großartig wie in dieser letzten weltverachteten Niederlage. Kaltblütig blickte er auf seine Waffe nieder, um das Blut abzuwischen; er sah, daß die Spitze, die er seinem Opfer zwischen die Schultern gestoßen hatte, in dessen Körper abgebrochen war. Ganz ruhig, als blicke er zum Fenster seines Clubs hinaus, sah er, was folgen mußte. Er sah, daß man diese unerklärliche Leiche finden mußte, die unerklärliche, steckengebliebene Säbelspitze herausziehen mußte, das unerklärlich zerbrochene Schwert – oder das gänzlich fehlende Schwert – bemerken mußte. Er hatte jemanden getötet, aber nicht zum Schweigen gebracht. Doch sein herrischer Geist stellte sich diesem unerwarteten Problem; es gab noch einen Ausweg. Er konnte diese Leiche weniger unerklärlich machen. Er konnte einen Hügel von Leichen schaffen, um diese eine damit zu bedecken. Zwanzig Minuten später marschierten achthundert englische Soldaten in ihren Tod.«

Die warme Glut hinter dem schwarzen winterlichen Wald nahm an Stärke und Helligkeit zu und Flambeau schritt schneller, um sie zu erreichen. Auch Pater Brown beschleunigte seine Schritte, doch schien er völlig in seine Geschichte versunken.

»So groß war die Tapferkeit dieser englischen Tausend und so gewaltig das Genie ihres Befehlshabers, daß sogar dieser unsinnige Vormarsch noch glücklich hätte ausgehen können, wenn sie sofort den Hügel angegriffen hätten. Doch der böse Geist, der sie wie Bauern spielte, hatte andere Ziele und andere Beweggründe. Sie mußten wenigstens so lange im Sumpf an der Brücke stehen bleiben, bis britische Leichen dort keinen ungewöhnlichen Anblick mehr boten. Dann kam die letzte großartige Szene: der silberweiße, ehrwürdige Soldatenheilige händigt sein zerbrochenes Schwert aus, um weiteres Blutvergießen zu verhindern. Oh, es war für ein improvisiertes Stück sehr ausgefeilt. Aber ich glaube (beweisen kann ich es nicht), ich glaube, es geschah, während sie dort im verdammten Sumpf steckten, daß jemand zweifelte – und jemand ahnte.«

Einen Augenblick schwieg er und fügte dann hinzu: »Irgendeine Stimme sagt mir, daß der Mann, der es ahnte, der Liebende war … der Mann, der das Kind des Alten heiraten sollte.«

»Aber wie steht es mit Olivier und dem Aufhängen?« fragte Flambeau.

»Olivier? Teils aus Klugheit, teils aus Ritterlichkeit beschwerte er sich auf dem Marsch selten mit Gefangenen. Meistens ließ er alle laufen und er ließ auch in diesem Fall alle laufen.«

»Alle mit Ausnahme des Generals«, fügte der Große hinzu.

»Alle«, wiederholte der Priester.

Flambeau runzelte seine dunklen Brauen. »Ich verstehe noch immer nicht ganz«, gestand er.

»Es gibt noch eine Szene, Flambeau«, sagte Brown mit seinem geheimnisvolleren Unterton. »Ich kann sie nicht beweisen, aber ich kann mehr als das – ich kann sie sehen. Ich sehe vor mir, wie morgens ein Lager auf den kahlen ausgedörrten Hügeln abgebrochen wird, und brasilianische Uniformen in Karrees und Reihen marschbereit stehen. Ich sehe Oliviers rotes Hemd und seinen langen, schwarzen, wehenden Bart, während er dort steht, mit dem breitkrempigen Hut in der Hand. Er verabschiedet sich von dem großen Feind, den er freilässt – von dem einfachen, weißköpfigen, englischen Veteranen, der ihm im Namen seiner Männer dankt. Der Rest der überlebenden Engländer steht dahinter in Reih und Glied, ihnen zur Seite Proviantstapel und Fahrzeuge für den Rückzug. Die Trommeln wirbeln, die Brasilianer ziehen ab, die Engländer stehen noch wie angewurzelt da. Und so verharren sie, bis der letzte Laut und der letzte Umriß des Feindes vom Tropenhorizont verschwunden war. Dann, wie wenn Tote lebendig werden, ändert sich plötzlich ihre Haltung. Fünfzig Gesichter wenden sich zum General – Gesichter, die unvergeßlich bleiben.«

Flambeau sprang auf. »Ah«, schrie er, »Sie meinen doch nicht –«

»Ja«, sagte Pater Brown mit tiefer bewegter Stimme. »Es war eine englische Hand, die den Strick um St. Clares Nacken legte, und ich glaube, es war die Hand, die den Ring an die Hand seiner Tochter steckte. Englische Hände waren es, die ihn auf den Baum der Schande hinaufzogen, die Hände derer, die ihn angebetet hatten und ihm zum Sieg gefolgt waren. Und es waren englische Seelen (Gott verzeihe und erbarme sich unser!) die ihn anstarrten, wie er dort unter fremdem Himmel am grünen Galgen einer Palme baumelte und die in ihrem Haß beteten, er möge von da hinabfahren in die Hölle.«

Als die beiden den Kamm der Kuppe erreicht hatten, leuchtete ihnen das grelle, scharlachrote Licht der Vorhänge eines englischen Gasthauses entgegen. Es stand zur Seite des Weges, als stehe es auch hinsichtlich seines gastlichen Umfangs etwas abseits. Seine drei Türen standen einladend offen und bereits von ihrem Standpunkt aus hörten sie das Dröhnen und Lachen von Menschen, die eine Nacht lang einfach nur fröhlich waren.

»Mehr brauche ich Ihnen nicht zu erzählen«, schloß Pater Brown. »In der Einöde verurteilten und richteten sie ihn. Und dann, um der Ehre Englands und seiner Tochter willen schworen sie einen Eid, die Geschichte vom Lohn des Verräters und vom Schwert des Mörders auf ewig zu versiegeln; vielleicht – Gott helfe ihnen – versuchten sie, zu vergessen, versuchen wenigstens wir, sie zu vergessen. Hier ist unser Gasthaus.«

»Herzlich gerne«, sagte Flambeau und wollte eben festen Schrittes in das erleuchtete und geräuschvolle Gastzimmer eintreten, als er plötzlich wieder einen Schritt zurückmachte und fast zu Boden fiel.

»Da, in Teufels Namen, sehen Sie!« rief er und wies starr auf das viereckige hölzerne Schild, daß zur Straße hing. Es zeigte undeutlich die rohe Gestalt einer Säbelscheide und einer zerbrochenen Klinge und in nachgemacht altertümlicher Schrift die Worte ›Das Zeichen des gebrochenen Schwertes‹.

»Waren Sie nicht darauf vorbereitet?« fragte Pater Brown sanft. »Er ist der Gott dieses Landes; die Hälfte der Gasthäuser und Anlagen und Straßen sind nach ihm und seiner Geschichte benannt.«

»Ich hoffte, wir wären endlich fertig mit diesem Aussätzigen«, rief Flambeau und spuckte auf den Weg.

»In England werden Sie nie über Ihn hinwegkommen«, sagte der Priester zu Boden blickend, »so lange Messing stark ist und Stein stand hält. Seine Marmorstandbilder werden auf Jahrhunderte die Seelen stolzer, unschuldiger Knaben erheben; aus seiner ländlichen Ruhestätte wird wie aus Lilien der

Duft der Treue emporsteigen. Millionen, die ihn nie gekannt haben, werden ihn wie einen Vater lieben – ihn, den die wenigen, die ihn zuletzt gekannt, wie Dreck behandelt haben. Er soll ein Heiliger bleiben und nie soll die Wahrheit über ihn bekannt werden, denn ich bin nun endlich zu einem Entschluß gekommen. Es liegt so viel des Guten wie des Bösen darin, Geheimnisse zu verraten, daß ich bereit bin, meine Haltung auf die Probe zu stellen. All diese Zeitungen werden vergehen; die antibrasilianische Blütezeit ist bereits vorbei, Olivier steht bereits überall in Ehren. Ich aber habe mir mein Wort gegeben, daß, wenn je durch Namen, Metall oder Marmor, unvergänglich wie die Pyramiden, Oberst Clancy oder Hauptmann Keith oder Präsident Olivier oder sonst ein Unschuldiger ungerechterweise beschuldigt wird, dann würde ich sprechen. Wenn es sich aber nur darum handelt, daß St. Clare unverdienterweise verehrt wird, werde ich schweigen. Und das werde ich.«

Sie traten in das Gasthaus mit den roten Vorhängen, dessen Inneres nicht nur gemütlich, sondern sogar luxuriös war. Auf einem Tisch stand ein Silbermodell von St. Clares Grabmal, das Silberhaupt gebeugt, das Silberschwert zerbrochen. An den Wänden hingen farbige Photographien derselben Szene sowie von den Massen von Aussichtswägen, die die Touristen herankarrten. Sie setzten sich auf die bequemen gepolsterten Bänke nieder.

»Kommen Sie, es ist kalt«, rief Pater Brown, »trinken wir ein Glas Wein oder Bier.«

»Oder Brandy«, meinte Flambeau.

Weitere lieferbare Literatur im marixverlag

Georg Trakl

In den Nachmittag geflüstert

Gedichte

Gebunden mit Schutzumschlag

ca. 256 S.; Format: 12,5 x 20 cm

ISBN: 978-3-7374-0953-7

»Sein Werk, aus reinster Lyrik bestehend, ist von mythischer, magischer Schönheit.«

Otto Basil

Georg Trakls lyrisches Werk besticht durch die sinnliche Kraft seiner Bilder und eine »Lyrik in Moll«. Er wird zu den bedeutendsten Frühexpressionisten deutscher Sprache gezählt. Sein hermetisches Schaffen weist jedoch weit darüber hinaus. Gebrandmarkt als Vertreter der »Décadence «, die den Verfall stilisiert anstatt eine soziale Utopie zu entwerfen, träumt er von einem neuen, »natürlichen« Menschen, von einer Erneuerung der paradiesischen Unschuld in der Gesellschaft. Charakteristisch für seine Gedichte sind Visionen von düsterer Farbenpracht und eine melodisch-rhythmische Sprache. Im vorliegenden Band sind die Gedichte aus den Jahren 1909–1914 nebst einer Einführung von Katharina Maier enthalten.

Joachim Ringelnatz

Wie ich mich auf dich freue!

Liebesgedichte

Gebunden mit Schutzumschlag

ca. 160 S.; Format: 12,5 x 20 cm

ISBN: 978-3-7374-0955-1

»Sein eigentliches künstlerisches Element war die Sprachphantastik, das erfinderische Spiel des Wortes, das er mit handwerklichem Sinn für Farbe und Kraft behandelte; das konnte lärmende Kaskaden geben.«

Theodor Heuss

Joachim Ringelnatz ist den meisten Lesern vor allem als Meister der komischen und frechen Lyrik bekannt. Sein poetisches Werk hinterlässt aber auch eine Reihe von Liebesgedichten und offenbart eine einfühlsame, leidenschaftliche aber nicht weniger humorvolle Seite. Nie beliebig, immer eigen und »ringelnatzig«-originell ist er auch in seinen Liebesgedichten. Dieser Band versammelt die schönsten, heitersten und erotischsten Liebesgedichte aus dem Gesamtwerk des großen deutschen Lyrikers.

Franziska zu Reventlow

Herrn Dames Aufzeichnungen

Oder Begebenheiten aus einem merkwürdigen Stadtteil

Gebunden mit Schutzumschlag

224 S.; Format: 12,5 x 20 cm

ISBN: 978-3-86539-374-6

»Ihr Zynismus kannte keine Grenzen, doch immer alles mit Grazie.«

Annette Kolb

Freie Liebe, das Leben als nie endendes Fest, Dandys, Spinner, Spätaufsteher, Esoteriker – das sind Elemente und Menschen, die die Welt der Münchener Bohème ausmachen. Und mittendrin: Herr Dame, der in seiner Naivität den Münchener Bohemiens das ein oder andere Geheimnis entlockt und die ein oder andere überspielte Unwissenheit zu Tage fördert. Auf liebevolle und doch hin und wieder schmunzelnde Art porträtiert Fanny zu Reventlow in Herrn Dames Aufzeichnungen das Leben der Münchener Bohème sowie ausgewählte Personen ihres eigenen Umfelds und schafft so den skurrilen Schlüsselroman der Schwabinger Bohème.